保育・教育 実践テキストシリーズ

幼児教育課程総論

豊かな保育実践を構想するために

松井とし・福元真由美／編著

樹村房
JUSONBO

はじめに

　平成20年3月に「幼稚園教育要領」「保育所保育指針」が同時に改正・告示されました。このことにより幼児期の教育を担う教育機関として幼稚園と保育所はともに教育課程・保育課程を編成し，幼児期にふさわしく，かつ幼児一人ひとりの発達を保障する質の高い保育を行うことが求められたことになります。

　しかし教育課程編成については，先行実施していた幼稚園教育界においても一部には，編成の意義が理解されていないなど，格差が大きいのが実情です。そこで本書は幼児期の教育を実践するうえで根幹をなす教育課程・保育課程編成について多面的な視点から考えていくことを試みました。

　1章は，教育課程の原理的，実践的，歴史的な位置づけを通して理解することをねらいとしています。2章では，教育課程編成に欠かすことができない発達のとらえ方や幼児期の発達の特徴と筋道について，3人の男児の3歳から5歳までの縦断的な記録をもとに保育実践と関連づけて記述しています。3章で，教育課程のとらえ方と編成の実際，幼稚園・保育所・小学校との連携について，4章で，保育における計画の構造全体について，また指導計画と保育内容との関連性について，述べました。5章は，保育所の指導計画と保育課程について記し，いち早く編成され平成22年度から活用されている「保育課程」を掲載しています。6章は指導計画，教育課程の評価・改善について，7章は保育士の倫理，専門性について，さらに8章では，幼児期の教育の現代的課題として，子どもの生活リズム，食育，人とのかかわり，幼小連携，保護者の成長支援を取り上げています。

　少子高齢化，核家族化，情報化，世界的な経済状況の悪化など，幼児期の教育を取り巻く状況の変化は目まぐるしいものがあります。幼稚園教育要領・保育所保育指針の改訂を踏まえ企画した本書の制作過程においても，次々と新たな国の方針が示されました。

　児童福祉法施行規則の一部を改正する省令により，保育士養成課程のカリキュラムが大幅に変更され，また，遠くない将来の幼児教育機関として「こども園」構想が公表されました。

平成22年11月には「幼児期の教育と小学校教育の円滑な接続の在り方に関する調査研究協力者会議」の報告書により「幼児期の教育では，児童期における教育の内容の深さや広がりを十分理解したうえで行われること，いわば，今の学びがどのように育っていくのかを見通した教育課程の編成・実施が求められる」と示されました。

　このように変化の激しい今，本書を世に送り出すことについてはいささかの戸惑いを禁じえません。しかし，幼児教育課程について深く考えることは不易なることであり，幼児期の教育の本質を問うことだと考えます。幼児期の教育の本質とは温かな関係性を基盤に幼児一人ひとりの自立の過程を支え，生涯にわたる人格形成の基礎となるべき幸せな幼児期を保障することです。その役割を担うにあたって，確かな幼児理解をもとに幼児教育課程を編成することは避けられないことです。

　幼児期の教育に携わる保育者は幼児一人ひとりの自分探しの旅に同行し，自らの保育実践について謙虚に省察を繰り返し，幼児期の教育の本質について考え続ける人であって欲しいと願います。

　本書が幼児期の教育について学んでいる学生さんたちのみならず，すでに実践の場で日々保育に携わっておられる保育者の方々にも，保育という営みについて考え合う機会に活用していただくことができるなら幸いに思います。

　平成23年3月

　　　　　　　　　　　　　　　　　　　　　　　　編著者　松井　とし
　　　　　　　　　　　　　　　　　　　　　　　　　　　　福元真由美

幼児教育課程総論
豊かな保育実践を構想するために

も く じ

はじめに　i

1章　幼児期の教育と教育課程 …………………………………1
1　幼児教育における教育課程の意味…………………………………1
1．「学びの経験の総体」としての教育課程　2
2．「公的な枠組みによる計画」としての教育課程　3
2　幼児教育の基本と教育課程………………………………………5
1．環境を通して行う教育　6
2．幼児の主体的な活動を中心とする生活　7
3．遊びを通しての総合的な指導　8
4．一人ひとりの発達の特性に応じた指導　10
5．保育者のさまざまな役割　11
3　今の教育課程に至るまで―保育の思想と歴史から …………13
1．幼稚園の始まり―遊ぶ存在としての子ども　13
2．子ども中心主義の影響を受けて　15
3．倉橋惣三の「生活本位」「間接教育」「誘導教育」　15
4．「保育要領」から「幼稚園教育要領」へ　19
5．新しい幼児教育の幕開け―平成元年の「幼稚園教育要領」改訂から　22
6．平成10年と平成20年の「幼稚園教育要領」の改訂　24

2章　教育課程編成の基盤として幼児の発達 …………………27
1　教育課程の基盤となる発達の姿 ………………………………27
2　発達のとらえ方 …………………………………………………28
1．環境と関係の網の目のなかで展開する　28
2．諸側面が絡まり合って展開する　28

3．子どもそれぞれの速度と経路がある　29
　　　4．保育における発達のとらえ方　31
　3　3歳未満児の育ち …………………………………………33
　4　幼稚園入園後（3〜5歳）の育ち …………………………36
　5　保育の特質と発達とのつながり …………………………52

3章　幼稚園の教育課程 …………………………………………55
　1　幼稚園教育の基本と教育課程 ………………………………55
　　　1．幼稚園教育の基本　55
　　　2．幼児の主体性と教育課程　57
　　　3．「教育課程」をどのようにとらえるか　58
　　　4．幼稚園の教育課程と小学校の教育課程　59
　　　5．幼児期の教育と小学校教育の円滑な接続と教育課程の編成　61
　2　教育課程編成の基本 …………………………………………63
　　　1．「教育課程」編成の基本と原則　63
　　　2．教育課程編成と発達観　65
　3　教育課程編成の実際 …………………………………………66
　　　1．教育課程編成のプロセス　66
　　　2．教育課程編成の実際　68
　　　3．教育課程と日常の保育とのかかわり　72

4章　教育課程と保育内容 ……………………………………75
　1　教育課程と指導計画 …………………………………………75
　　　1．教育課程と長期の指導計画，短期の指導計画の関係　75
　　　2．指導計画作成の手順と留意点　78
　　　3．長期の指導計画　80
　　　4．短期の指導計画　87
　2　指導計画の作成と保育の実際 ………………………………89
　　　1．短期の指導計画（週案）のねらいと内容の構造　89

2．週案から日案の立案　94
　3　実践事例 …………………………………………………98
　　1．短期指導計画（週案）から実際の保育へ　98
　　2．教育課程・長期指導計画から実際の保育へ　104

5章　保育課程と指導計画の関連性 …………………………109
　1　保育課程とは…………………………………………109
　　1．保育課程の意義と必要性　110
　　2．保育課程編成の実際　112
　2　保育課程に基づく指導計画………………………………119
　　1．指導計画の作成上の留意事項　119
　　2．指導計画の実際　123
　3　評価・反省と保育の質の向上……………………………130

6章　保育実践の評価 ……………………………………133
　1　幼児教育における評価のあり方………………………………133
　　1．保育実践における評価の目的　133
　　2．保育実践における評価の方法　134
　　3．保育実践における評価の内容　139
　　4．「幼稚園幼児指導要録」「保育所児童保育要録」について　144
　2　指導計画・教育課程の評価の実際……………………………144
　　1．保育実践の評価に基づく指導計画の作成　144
　　2．指導計画の評価・改善　145
　　3．教育課程の評価・改善　145
　3　園全体の保育の質を高めるための評価…………………………147
　　1．幼稚園における学校評価　148
　　2．保育所における自己評価と第三者評価　149

7章　保育者のあり方とめざすもの……………………………153
1　保育士の倫理……………………………………………153
1．保育士の専門性　153
2．保育士の倫理と全国保育士会倫理綱領　154
2　質の高い保育実践をめざして…………………………155
1．細やかな援助とかかわり　156
2．発達を促す保育活動の展開　158
3　保育士としての成長に向かって………………………161
1．子ども理解の共有　161
2．保育と自己の省察　161
3．人間としての成長　162

8章　幼児教育の現代的課題と教育課程………………………165
1　はじめに…………………………………………………165
2　生活リズムにかかわる課題……………………………166
1．幼児期の生活リズムと睡眠　166
2．生活リズムの確立と教育課程　168
3　幼児期の食育について…………………………………169
1．幼児期の食育　169
2．食の原点を体験する　170
3．簡単な調理体験　171
4　人とのかかわりを深める………………………………172
1．現代社会と人間関係　172
2．協同の経験を重ねる　173
5　小学校との連携…………………………………………177
1．小学校への段差　177
2．幼保小の連携研究からわかったこと　178
3．小学校との交流について　179
6　保護者の成長支援………………………………………180

1．少子化対策と子育て支援　180
2．園で行われている保護者支援　181
3．園による保護者支援の利点と保護者の成長　182
4．保護者の保育参加　183
5．保護者への発信　183

[7] 終わりに……………………………………………………………184

引用・参考文献 ……………………………………………………………187
さくいん ……………………………………………………………………189

1章 幼児期の教育と教育課程

　この章では，幼児教育における教育課程の原理的，実践的，歴史的な位置づけを理解することをねらいとしている。まず教育課程の意味および必要性について知り，その性格を子どもの「学びの経験の総体」，「公的な枠組みによる計画」の2つの側面から捉えていく。

　そして，幼児教育の基本（環境を通して行う教育，幼児の主体的な活動を中心とする生活，遊びを通しての総合的な指導，一人ひとりの発達の特性に応じた指導，保育者のさまざまな役割）を踏まえた教育課程の編成の方法について考える。さらに，幼稚園の創始期から現代の教育課程の様式に至る過程を，教育制度の変遷や倉橋惣三の議論等をもとに明らかにしている。

1 幼児教育における教育課程の意味

　幼児教育の教育課程を言い表す言葉として，現在は平成20（2008）年告示の**「幼稚園教育要領」**の**「教育課程」**と同年告示の**「保育所保育指針」**の**「保育課程」**の2つの用語が用いられている。どちらも，幼稚園や保育所での幼児の生活全体を通して，保育のねらいが総合的に達成されるよう，幼児の生活経験，心身の発達の過程を考えて，具体的なねらいと内容を組織するものである。また，幼稚園や保育所，地域の実態に応じ，子どもや家庭の状況，保育時間などを考えて，在園するすべての期間という長期的な見通しをもちつつ，創意工夫を生かして編成されるものである。

　そして「教育課程」「保育課程」に基づいて，さらに具体的なねらいや内容，環境の構成，保育者の援助，指導の内容や方法を示した**「指導計画」**がある。

「指導計画」には，年，学期，月あるいは発達の時期などの長期的な見通しをもった計画と，より具体的な幼児の生活にもとづいた週や日などの短期的な計画の2つがある。

　一般に教育課程という場合，せまい意味で用いられるときと広い意味で用いられるときがある。せまい意味では，幼児教育の教育課程は「幼稚園教育要領」の「教育課程」や「保育所保育指針」の「保育課程」をあらわす。一方の広い意味では，「教育課程」「保育課程」に加えて，「指導計画」も含まれて考えられていることがある。このように教育課程の意味が多義的であることについては，あとで説明するすように教育課程の用語が用いられてきた経緯がある。

　ところで，なぜ幼児教育において教育課程を編成することが求められるのだろう。

　幼児教育では，幼児が自ら周りの環境とかかわって活動する充実感を味わい，発達に必要な体験を重ねることが大切である。しかし，周りの環境が発達に見合うものでなかったり，幼児の活動への指導が適切でなかったりすると，子どもの興味や関心は引き起こされず，活動を通しての経験も発達を促すものにはならない。そこで，幼児の周りの環境をどのように用意するか，環境にかかわってどのような主体的な生活が生まれるか，このことを通して発達に必要な経験がどのように積み重ねられるか，などを検討して保育実践を創造する道筋（計画），すなわち教育課程が必要なのである。

　このような幼児教育の教育課程（「教育課程」「保育課程」）の特徴をふまえつつ，ここでは教育課程の語源と教育の歴史からその意味をほりさげて考えてみよう。

1．「学びの経験の総体」としての教育課程

　教育課程という言葉は，英語の「**カリキュラム（curriculum）**」の翻訳語といわれている。さらに「カリキュラム」の語源は，ラテン語の「クレレ（currere）」という「走る」の意味の動詞にあるとされ，この活用形から「（競技場の）コース，走路」「走ってきた」という意味が生まれている。そこで，英語圏では「カリキュラム」は「人生のコース」「履歴書」を意味する言葉として

使われるようになったという。

　「カリキュラム」を子どもの「学びの履歴」として意味づけた教育実践は，19世紀末から20世紀にかけてのアメリカの**進歩主義教育運動**において展開されてきた（佐藤，1999）。「カリキュラム」は子どもが学校で実際に経験しているものの総体とされ，教師たちはこれまでの子どもの学びの経験をふまえ，これからの学びの経験を見通して，授業と学びを創造するカリキュラムの開発に携った。この「学びの経験の総体」としての「カリキュラム」は，教育目標や教材の表面的な組織の範囲をこえて，一人ひとりの子どもの学びの道筋や経験の内容，意味を探求しようとする，教師たちの計画とその評価の一連の過程から生み出されていた。

2．「公的な枠組みによる計画」としての教育課程

　「幼稚園教育要領」に「教育課程」の用語が登場したのは，昭和39（1964）年の「幼稚園教育要領」改訂のときである。これ以前昭和23（1948）年の「**保育要領―幼児教育の手引き―**」では，幼稚園，保育所，家庭それぞれにおける幼児の一日の生活の日課や流れの例が示されているものの，教育課程を含む保育の計画については触れられていなかった。このころ小学校教育を中心とするカリキュラム運動がさかんになると，「保育要領」の保育内容に系統性が乏しい，目標と内容のつながりが曖昧，教育課程の作成に不便，などの批判が生じてきた。そこで文部省は，昭和31（1956）年に「**幼稚園教育要領**」を公示して幼稚園の教育内容と教育課程の基準を国が示すものとし，教育課程の組織や展開について示唆を与えようとした。また，「教育課程」の用語には子どもが経験する道すじ，内容，経験すること自体などさまざまな意味がふくまれるので，あえて誤解のないように「教育課程」ではなく「指導計画」の用語が用いられ，計画の作成と運営について初めて記されるようになった。

　昭和39（1964）年の「幼稚園教育要領」の改訂により，「幼稚園教育要領」は幼稚園教育課程の国家基準を示したものとされ，教育課程そのものも公的な枠組みとしての性格を強めていく。改訂に先立って同じ年に「**学校教育法施行規則**」が一部改正され，第76条に「幼稚園の教育課程については…（略）…教

育課程の基準として文部大臣が別に公示する幼稚園教育要領によるものとする。」と定められたからである。ここにおいて，「教育課程」は「幼稚園教育要領」に基づく「公的な枠組みによる計画」として，その位置づけを明確にしたといえるだろう。

今日の幼児教育の教育課程は，(1)の「学びの経験の総体」，(2)の「公的な枠組みによる計画」という2つの性格をあわせもっている。

はじめに「公的な枠組みによる計画」についていえば，教育課程は，幼稚園や保育所が関係法令や「幼稚園教育要領」「保育所保育指針」に示された保育の目的と目標に向ってどのように保育するかを明らかにし，幼児が充実した生活を展開できるような全体計画として編成されるものである。そして，幼児期にふさわしい生活を通して，保育の目的と目標を達成することが必要である。

このため，幼児の発達を見通して，それぞれの時期に必要な保育の内容や方法を明らかにするという園全体の指導の計画性が求められている。よって教育課程は，幼児教育の関係法令，「幼稚園教育要領」「保育所保育指針」などの共通理解を図りつつ，園のすべての教職員の協力のもとに園長の責任において編成されるものと考えられている。

このとき，あらゆる地域のあらゆる子どもに共通する教育課程をイメージするのではなく，それぞれの園の環境や地域の実態に応じて生みだされ蓄積されてきた子どもの「学びの経験の総体」としての教育課程を考えることが大切である。

すなわち，保育者が直接かかわってきた幼児の発達の道筋や園で見られる具体的な生活，遊びの内容とその意味，すなわち目の前の子どもたちの「学びの履歴」ともいえるものを考慮することである。このことによって，子どもの実際の生活に応じて適切に具体化されたねらいや内容を教育課程に設定すること，および，それぞれの園の独自性と創意工夫を生かすことができるといえるだろう。

また幼児教育の基本として，幼児一人ひとりの特性に応じた指導を行うということが挙げられる。園全体の教育課程を踏まえつつも，それぞれの幼児の個性と発達，生活や遊びに応じたその子に固有の教育課程を構想することが，実

写真1-1　魚つり遊びを楽しむ（3歳児）

（写真提供：東京学芸大学附属幼稚園小金井園舎）

際の子どもとのかかわりにおける保育実践を支えていくといえる。

2　幼児教育の基本と教育課程

　幼児教育の基本として，「幼稚園教育要領」「保育所保育指針」を踏まえて①環境を通して行う教育，②幼児の主体的な活動を中心とする生活，③遊びを通しての総合的な指導，④一人ひとりの発達の特性に応じた指導，⑤保育者のさまざまな役割，の5つをあげることができる。

　昭和38（1963）年の**「幼稚園と保育所との関係について」**（文部省と厚生省の両局長から都道府県へ通達）では，「保育所のもつ機能のうち，教育に関するものは幼稚園教育要領に準ずることが望ましいこと。」が示された。これより，幼稚園と保育所はその目的と機能をそれぞれ明確にもちながらも，幼児教育の基本的な原則においては共通の基盤をつくりだしてきたのである。

　次に，幼児教育の5つの基本と教育課程の関係を簡潔に説明しよう。

写真1-2 ビオトープで自然に親しむ（5歳児）

（写真提供：東京学芸大学附属幼稚園小金井園舎）

1. 環境を通して行う教育

　幼児期は知識や技能を外から一方向的に教えられて身につけていくのではなく，毎日の生活の中で自分の欲求や興味に基づく生き生きとした体験を通して，豊かな心情やものごとにかかわる意欲，よりよい生活に必要な態度などを培う時期である。このような時期の子どもにとって，周りの環境からさまざまな刺激を受け止めるだけではなく，自分から興味をもって環境に働きかけ，試行錯誤しながら活動を展開するという環境との相互的な関係が，発達や学びを支えるものとなる。

　そこで幼児教育においては，保育のねらいや内容にもとづいた環境を計画的につくりだし，その環境にかかわって幼児が主体性を発揮する生活を通して，望ましい方向に向けて幼児の発達を促していくことが重要とされている。このことを「**環境を通して行う教育**」という。

　教育課程においては，幼児がどのように環境に出会い，主体的に環境にかかわっていくか，その姿をとらえることが編成の基本になる。環境を通して行う教育の環境は，あらかじめ遊具や用具，素材だけがおかれて，あとは幼児の気

の向くままにまかされたような，単なる物の配置とは異なる。環境は，幼児にとって意味のある体験ができるよう，保育者が教育的価値を含ませつつ構成するものである。

したがって，生みだされた環境が幼児にどのように受けとめられ，どのような意味をもつのか保育者自身がよく考えておかねばならない。そして，保育者主導で選ばれた教育的価値を幼児に押しつけるのではなく，幼児が自らの関心や願いに即し環境にかかわることを通して，自分なりに環境に込められた学びの価値に触れていくことを理解しておきたい。

また，環境は物的なものだけではなく，保育者や友達とのかかわりのすべてを含む状況としてとらえられている。周りの物的環境にかかわって活動している保育者や友達の姿は，その物的環境への幼児の興味や関心，環境に働きかけてみたいという意欲をかきたてる。さらに，保育者や友達とのやりとりを通して環境にかかわることは，幼児に新たな発見や挑戦，葛藤などをもたらす。

保育者は，環境とのさまざまなかかわりにおいて，幼児が何に関心をもって取り組もうとしていたり，取り組んだりしているのか，何に行き詰まって課題としているのか，などをとらえる必要がある。そして，とらえた幼児の姿を生活や発達を見通した教育課程に位置づけて幼児の経験の意味を理解し，新しい環境の構成や保育者のかかわりの手がかりにしていくことになる。

2．幼児の主体的な活動を中心とする生活

幼児の発達や学びは，興味や関心に基づく自発的な活動において直接的で具体的な体験をし，自ら動き，感じ，発見し，考え，表現することなどを通して促されていく。幼児が自分の思いや願いから発した活動を十分に行うことは，その過程で満足感や充実感を感じることにつながり，それらがさらなる興味や関心，新しい活動を生み出す源になる。

このため，幼児教育では子どもが自分から環境に働きかけ，その子なりに満ち足りて活動し，遊びや生活の経験を広げたり深めたりできるようにすることが重要である。

この時期の子どもは，しだいに自分の世界を広げながら自立した生活へと向

かっていく。周りの大人や友達とのかかわりは，このような幼児の生活の展開を支えるものである。幼児は自分でやりたい気持ちが強まり，さまざまなことに挑戦しようとする一方で，信頼する大人に自分を認めてもらいたい，支えてもらいたいという気持ちをもっている。したがって，幼児が保育者を信頼し，保育者によって受け入れられ，見守られているという，安心感をもてるようにしなければならない。

また，幼児は友達と相互にかかわることを通して，自分という存在や他者との違いに気づき，思いやりや協調性や自己表現のしかたを身につけて自分や集団の自律性の芽生えを培っていく。

子ども同士で生き生きとさかんに活動をしあい，物事に対する興味や関心を深めていくことは，それらに主体的にかかわろうとする幼児の意欲を高めていく。幼児教育では，幼児が友だちと十分にかかわりながら自分たちの生活をくりひろげていくことに，このような意味を見いだしている。

そこで教育課程では，幼児が園生活に親しみをもって安定することから，自分たちで生活を切り拓き，深めていくに至るまでの長期的な視野をもつことが必要である。その際には，保育者とのどのようなふれあいを通して安心感をもって生活できるようになるか，周りの人や物への興味や関心がどのように広がり自分の遊びをしていくか，友達と生活する楽しさや友達のなかで自分を発揮することをどのように経験するか，友達同士で目的をもってどのように生活をすすめていくか，などの観点をよく考えたい。

幼児の活動については，一人ひとりの活動として，周りの大人とのかかわりにおいて，友達とのグループにおいて，クラスや学年での活動としてなど，さまざまな関係において検討できる。これらの関係のなかで幼児の物や人に対する興味や関心の表れ方，遊びや生活の内容，そこでの体験の意味などを読み取って教育課程に反映するようにしたい。

3．遊びを通しての総合的な指導

幼児の自発的な活動としての遊びは，心身の調和のとれた発達の基礎を培う重要な「**学習**」であると考えられている。幼児の遊びには，成長や発達にとっ

写真1-3 雨どいを使った水遊び（5歳児）

（写真提供：東京学芸大学附属幼稚園小金井園舎）

て重要な体験が多く含まれている。そして一つの遊ぶ活動のなかで，さまざまな側面の発達を促していく多様な体験が，相互に関連しあいながら同時に生じている。

たとえば，数人の子どもたちが小鳥の巣箱をつくって園庭の木にくくりつける活動をしている。子どもたちは巣箱のイメージを言葉や動作で伝えあい（想像力，ことば，コミュニケーション），作業の方法や手順を考えていく（論理的思考）。巣箱の形を工夫したり（数学的な認識），仲間との役割分担や相手に応じてかかわり方を調整したり（社会性）することもある。

巣箱にきれいな色をぬったり（造形的な表現），のこぎりをうまく使ったり，巣箱を木に登って取り付けたり（身体の機能）もする。こうして無事に自分たちの巣箱を取り付けたとき，子どもたちは達成感とともに自信（自己への認識）と友達への親しみ（他者への認識）を覚えていく。

子どもの遊びは，衝動的で，曖昧で，いろいろな要素が混ざっており，教育課程の計画性，組織性という性格には一見なじまないようも思われる。しかし幼児教育では，子どもが遊び，自らの課題を乗り越える過程で達成感，充実感，満足感，挫折感，葛藤などを経験し，期待される心情，意欲，態度を育むことがねらいとされている。

このような幼児の育ちを生み出す遊びは，幼児なりの学習の様式として幼児教育の教育課程に積極的に位置づけられるものと見なされている。

このため教育課程では，遊びのなかで幼児が発達するさまをいくつもの側面から総合的にとらえ，発達に必要な経験がどのように得られているかを明らかにすることが大切である。これにより，具体的な指導の場面における遊びの展開のなかで，子どもたちが多様な経験をし，さまざまな態度や能力を身につけるための保育者のかかわりや援助の方法と内容を，構想することができるからである。

これらの作業を踏まえた教育課程と保育実践を通して，幼児の生きる力の基礎を育み，小学校以降の生活や学習の基盤を培うことが幼児教育の重要な役割である。

4．一人ひとりの発達の特性に応じた指導

幼児は一人ひとりの家庭環境や生活経験，環境の受け止め方や環境へのかかわり方も異なるため，それぞれの発達の姿は必ずしも同じではない。もちろん，基本的な発達のあらましにおいては，多くの幼児が共通した過程をたどると考えられる。

保育者も，それぞれの時期の幼児が表す発達の姿を理解して，指導のおおよそのあり方を想定しておくことが必要である。あわせて保育者は，一人ひとりの幼児が主体的に環境にかかわり発達していく過程での，その子らしい見方，感じ方，考え方，かかわり方といった特性を理解して指導をすることが大切である。

一人ひとりの発達の特性に配慮することは，幼児の発達の課題もそれぞれの子どもに固有のものとして考えることにつながっている。

たとえば，ハサミで紙をある形に切るにも，画用紙を細くまるめて剣をつくるにも，「できない」と言って保育者にやってもらおうとする子どもがいる。しかし保育者が，他の子どもにかかわっているときには，自分でハサミを持って切ろうとしてみたり，紙をまるめて手でにぎったりして，「せんせい，みてー」などと言っている。

写真1-4　友達と使いたいもののイメージをふくらませる（5歳児）

（写真提供：東京学芸大学附属幼稚園小金井園舎）

　その子どもは，たどたどしいやり方ながらも大人に頼ってきたことを，自分でやってみようと試みているのであり，自分の取り組みを保育者に認めてもらいたいと願っていると理解できるだろう。このように考えるならば，この子どもの今の課題は，自分のやっていることを大人に認めてもらうことを通して，自分なりにできたことに自信をもつことであるといえる。

　教育課程では子どもたちに共通する部分や全体の様相を手がかりにするだけでなく，一人ひとりの発達のありのままの姿をとらえて園での生活を見通すことが基本となる。とくに3歳児では経験の差が大きいので，子どもによる特性の違いを十分に理解したうえで，教育課程の柔軟な編成と運用を心がけたい。さらにいえば，一つひとつのクラスや学年としてみた場合にも，そのクラスやその年の学年の子どもたちの姿としての特性があると考えられる。教育課程では，このような発達の実情とそれぞれの発達の課題とともに，これらに応じていく保育者の指導や環境の構成が示されていくことになる。

5．保育者のさまざまな役割

　保育者は，一人ひとりの幼児に対する理解に基づいて環境を計画的に構成するとともに，それぞれの幼児の活動の場面に応じていくつもの役割を果たし，

幼児の活動を豊かにしていくことが求められている。

　計画的な環境の構成とは，それぞれの幼児において保育のねらいが実現されていくよう，必要な体験を積み重ねていくために教育的に価値のある環境をいつ，どのように整えていくかを考えつくりだしていくことである。教育課程では，幼児の発達の道筋をとらえて，週，学期，年間，さらには入園から修了，その後の生活という長期的な視点に立って，目の前の幼児がかかわっている活動を位置づけ理解していく。

　このことによって初めて，幼児の経験していることの意味や，発達や学びを促すために必要なかかわりや環境を，考えることができるといえる。環境の構成においては，このような視点をもちながら，幼児が主体的に活動を展開しつつ，望ましい方向に向かうために必要な経験ができるような，物的・空間的環境をかたちづくることが大切である。

　保育者には，つねに幼児の活動にそって環境をつくりなおし，今という状況での幼児の活動から次の見通しや計画をもって，環境を再構成し続けていくことも求められている。

　幼児の活動は，さまざまな方向に生き生きと変化しつつ展開されていくものである。計画的な環境の構成には，幼児の活動を踏まえて事前に適切な環境を用意するというだけではなく，移り変わる幼児の活動に自らかかわりつつ，見通しをもった即興的な判断に基づいて柔軟に環境を変えていくことを含んでいる。

　また，保育者自らも幼児にとっては重要な人としての環境の一つである。そのような保育者の役割は，第一に幼児の精神的な安定のよりどころとなり，子どもとその活動の理解者であることである。幼児の主体的な活動へのかかわりにおいては，共同作業者や幼児のあこがれを形成するモデル，遊びや生活の援助者などの役割をもつ。

　つまり保育者は，幼児の人的な環境として役割の多様さを特徴としているといえるだろう。このため，教育課程において幼児の発達や学びの過程を理解するためには，幼児の姿や活動のみをとらえるのではなく，それらと保育者のかかわり方との相互的な関係を振り返ることが必要である。

3 今の教育課程に至るまで―保育の思想と歴史から

これまでみてきたように，幼児教育の教育課程は，保育の基本となる考えと深くかかわって編成され運用されるものである。それでは今日の教育課程が，幼児教育の基本的な考えや実践のどのような移り変わりとともに成立してきたか，保育の思想と歴史をたどってみていこう。

1．幼稚園の始まり―遊ぶ存在としての子ども

19世紀前半に幼稚園を創始したドイツの**フレーベル**（Fröbel, F. W.）は，幼児の遊びの意義を積極的に認めて自らの教育学を展開した。つまり幼児は，幼稚園という教育機関での教育の対象となったそのときから，遊ぶ存在として教育の場に登場することになった。

フレーベルは，「**恩物**」という遊具も考案している。彼はキリスト教者の立場から，幼児が恩物を用いて遊ぶことによって世界のあり方を理解し，神の存在を予感できると考えた。このためには，恩物による遊び方を幼児に指導する大人の存在が不可欠とされた。幼稚園で幼児とかかわる大人，つまり保育者は，何よりも幼児の遊びを指導する者として誕生したといえる。

わが国の幼稚園は，19世紀後半にフレーベルの幼稚園の方法と内容をとり入れて創設されたが，初めは恩物の指導を形式的に行っていたとされる。明治9（1876）年設立の**東京女子師範学校附属幼稚園**では，学年ごとに時間割のような計画が立てられた（図・表1-1）。表の「室内会集」「計数」「遊戯」「博物修身等ノ話」等のほかは，ほとんど恩物を用いた作業である（ほかの学年では「唱歌」「体操」などもあった）。

園児たちは恩物の時間になると，碁盤のように線のひかれた恩物机にすわり，保育者の指示どおりに机の線にあわせて恩物を動かしたという。当時は子どもの興味や関心，自由な遊びとは関係なく，保育の項目にあるものを一斉に行う指導法が中心だった。

図・表1-1　東京女子師範学校附属幼稚園の保育時間表
第一ノ組　小児満五年以上満六年以下

	月	火	水	木	金	土	
三十分	室内会集	同	同	同	同	同	但シ保育ノ余間ニ体操ヲ為サシム
三十分	博物修身等ノ話	計数（一ヨリ百ニ至ル）	木箸細工（木箸ヲ折リテ四分ノ一以下分数ノ理ヲ知ラシメ或ハ文字及ヒ数字ヲ作ル）	唱歌	木箸細工（豆ヲ用ヒテ六面形及ヒ日用器物等ノ形体ヲ模造ス）	木片組ミ方及ヒ粘土細工	
四十五分	形体置キ方（第七箱ヨリ第九箱ニ至ル）	形体積ミ方（第五箱）及ヒ小話	剪紙及ヒ同貼付	形体置キ方（第九箱ヨリ第十一箱ニ至ル）	形体積ミ方（第五箱ヨリ第六箱ニ至ル）	環置キ方	
四十五分	図画及ヒ紙片組ミ方	針画	歴史上ノ話	畳紙	織紙	縫画	
一時半	遊戯	同	同	同	同	同	

注：旧漢字，旧仮名遣いは現代表記に改めた。
（出典：文部省『幼稚園教育百年史』ひかりのくに，1979年，p.58）

2．子ども中心主義の影響を受けて

19世紀末ごろより日本でも欧米の**子ども中心主義**の影響を受けて，恩物の形式的な指導を反省し，幼児の遊びを重視する保育への認識が高まっていった。子ども中心主義とは，子どもの興味や自発性，発達に基づいて，教育における子どもの解放と経験，思考，表現の拡大をはかろうとする考え方である。

このような考えをもとに，幼児教育では子どもの自発的な活動を尊重すること，戸外での遊びを重視すること，社会性を育むこと，科学的な研究に基づいて発達に即することなどに意識が向けられるようになった。

明治32（1899）年，文部省令として「**幼稚園保育及設備規程**」が公布され，保育の項目として「**遊嬉**」「**唱歌**」「**談話**」「**手技**」が挙げられた。これには，（1）始めに「遊嬉」をおいて遊びを重視した，（2）恩物を「手技」にひとまとめにして，恩物主義からの脱却をはかった，という意義が見い出されている。

大正15（1926）年には勅令として「**幼稚園令**」が制定され，文部省令として「幼稚園令施行規則」が公布された。施行規則では，「保育項目ハ**遊戯，唱歌，観察，談話，手技等**トス」となり，ここに挙げられた項目以外のものも独自にとり入れてよいとされた。

当時は，園外で散歩や観察をする郊外保育もさかんで，自然にふれられる環境の大切さも意識されていた。また，幼児の自由な遊びもなるべくとり入れられようとしていた。けれども保育案は，季節や幼児の発達が考えられているものの，保育項目ごとに子どもの活動を区切り，その内容を羅列したものが多かった（図・表1-2）。

3．倉橋惣三の「生活本位」「間接教育」「誘導保育」

20世紀初めより東京女子高等師範学校附属幼稚園の保育を指導した**倉橋惣三**は，今日の幼児教育の基本につながる考え方を提起した代表的な人である。倉橋は，大人が一方的に教育の内容や活動を子どもに押しつける幼稚園の指導を批判して，古い幼稚園の殻を打ち破って新しい幼児教育をつくりだそうとした。そこにみられた倉橋の考えを，彼の言葉に即してみていこう（倉橋惣三『就学

図・表1-2　帝都教育会附属保姆伝習所の保育案

周	遊び項目	自由遊	遊戯	唱歌	保育事項 観察	談話	手技	備考
一	私の身体	手技的遊／人形つくり／人形こしらへ／自然物利用の人つくり／運動／水泥遊ごっこ／食道店屋ごっこ／早く動作する競争／競並びかけ方競争／玉入玉拾遊ひ戯競争	可愛い駒鳥／ままごと	ままごと／レコード鑑賞	飼育かたつむり／金魚／おたまじゃくし／藻／ぼうふり／夏になった記名の調査／渡鳥／冬ものと夏ものの着物	お日様と風（絵話）／六四薗の話／生活発表／口の中の衛生	塗絵／着物の模様／図案絵／反物つくり／粘土細工／だんご自由製作／継続自由手製作につかふ／昨日思出自由画遊びの絵〜作（墨絵）	
二	よい事の競争／野外生活（植物園行）	散歩	既習遊戯／練習金魚の昼寝	ままごと／金魚の昼寝	木蓮／初夏の気分／水藻／金魚／おたまじゃくし／竹の子／さくらんぼ／空豆／水はくれなゐ／梅の実／ままごと物	雨の子供／生活発表／天狗征伐（人形芝居）／ごはんの出来るまで／浦島太郎	お話絵／思想画／粘土果物／自然物利用細工製作／自大根の舟／ままごとのごちそう／うまご豆の舟ごちそう	
三	室内遊／田植	積木遊／絵本読み／手技的遊／散製作歩／ままごと／筒一本おくれ	創作動作／十進遊字／行進遊び	楽隊／筒一本おくれ／あんよがお上手	かへるの鳴声／梅雨／田畑植時の気分／麦田の様子／夏の野辺／筒おくれ	私の小さい時／幼児の創作／創作談話／ヘンゼルとグレーテル（人形芝居）／生活発表／浦島太郎（人形芝居）	塗絵／切抜店屋ごっこ／自由製作／自贈物つくり／思想画（墨絵）	
四	誕生会／夜の空虫類／夏の遊	かごめかごめ／水シャボン玉遊び／洗ハンカチ靴下／金魚つり／午睡	既習遊戯の整理練習	既習唱歌の整理練習／かごめかごめ／ほたるこい	梅つゆばれ／梅の実／製作品虫の色々／小さい時の写真／ほたる	生活発表／創作談話／ヘンゼルとグレーテル（人形芝居）／浦島太郎（人形芝居）	折紙／折金魚／水蓮／夜の遊／思想画（墨絵）／自由製作／砂絵チューリップ	（略）

（出典：文部省『幼稚園教育百年史』ひかりのくに，1979年，p.237-238）

前の教育』1931年,『幼稚園保育法真諦』1934年)。

生活本位　倉橋は,幼児のありのままの生活を基本とすることを,幼児教育の特性として特に重視していた。彼の「生活本位」とは,幼稚園において幼児の「自発的」な「さながら」(そのまま,もとのままの意)の生活としての「自然」を失わせないこという。

倉橋にとって,幼稚園での「生活」とは生活習慣の獲得をめざすせまい意味ではなく,子どもが幼稚園にいて自ら活動していることの全体を言い表すものだった。保育者が幼児の「生活」にかかわらず何かを教えようとするのではなく,第一に幼児の「生活」を意味のある大切なものと考え,そこから保育を立ち上げることを幼稚園教育の基本としたのである。

さらに倉橋は,幼児の「生活」そのものが,最もよく幼児の活動として表れるのが「遊戯」であると考えた。子どもの「生活」を基本とする幼稚園においては,何よりも遊びが幼児の活動の中心として尊重されたのだった。

間接教育　倉橋の用いた「間接教育」は,今日の幼児教育における「環境を通した教育」に引き継がれる考え方を表している。倉橋は,幼稚園の「環境」は幼児の生活を誘い導いていくことに大いなる価値があるとした。このため「環境」は,そこで幼児が生活の「自由感」をもてるようにし,「新鮮味」を感じておのずから「自発の活動」を生み出していくものでなければならないと考えられた。

大人が子どもに言い聞かせて何かをさせるのとは違って,「環境」は物があることによって子どもの興味を引き出し,そのものにかかわる活動を生み出していく。そして,子どもの「生活」をある方向に知らず知らずのうちに導いていく。したがって幼児の自発性は失われずに,むしろ生き生きと発揮されていくと倉橋は考えたのである。

この「環境」は,保育者の「意図」や「教育目的」が込められて用意されている。保育者は直接子どもに教えるのではなく,それよりも前に環境によって(間接的に)幼児を誘い導いて,ある経験をさせ,教育の意図や目的を実現しようとする。このことをとらえて,倉橋は「間接教育」といったのである。

倉橋はこの「環境」と「同じ性質の位置に人が立つ」こと,すなわち環境と

しての保育者についても述べている。保育者が楽しく踊ることで子どもも踊りたくなり，保育者が熱心に製作することで子どもも製作したくなる。保育者が生き生きと「生活」している姿にふれて，幼児もその「生活」の方へ自ら入り込んでくる。幼児の遊びや生活におけるモデルとしての保育者の役割が，ここに表れている。

誘導保育　幼稚園では，子ども自身が生活をくりひろげ，その生活の充実に向けて保育者が援助するだけではなく，また別の教育の方法も必要だと倉橋は考えた。これが「誘導保育」である。「誘導保育」は，子どもの「生活」をなりゆきにまかせるのではなく，子どもの興味に即した「主題」をもりこんで，その「生活」をより発展したものに誘い導いていく方法である。

保育者は，子どもが「主題」（〈駅〉や〈八百屋〉など）にかかわる活動をしたくなるように状況を整える。幼児の「生活」はその活動を通して生み出され，「主題」に基づいて「まとまり」をもち，より深められていくと考えられた。

「誘導保育」では，幼児の生活と保育項目の関係がとらえ直されている。倉橋は，子どものありのままの生活とは無関係に「保育項目をただ羅列して」も，「保育として何ら中心のない」ものになるという。「誘導保育」では，まず幼児の生活における「主題」があって，その「主題」にかかわるように保育項目の内容が導かれてくる。つまり，保育項目として考えられる内容は，ばらばらに幼児に教えられるものではなく，「主題」に即した活動を通して総合的に子どもに経験させるものだった。

このため「誘導保育」では，保育の指導計画が重要な意味をもつことになった。あらかじめ保育項目として用意した活動をあたえるのではなく，おのずと移り変わる幼児の生活をもとに，「主題」にかかわるべくして生活を発展させていくには，保育者がその見通しを十分にもつ必要があるからである。

「誘導保育案」（図・表1-3）は，保育者が子どもの興味や生活に基づいて「主題」を設定する，「主題」にかかわって保育項目の内容を組織する，実際の子どもの生活に即して保育案をつくり直すというサイクルを生み出した。同時に，保育案は子どもの生活に応じて変わるもの，つまり決められた通りにするものではなく，あくまでも保育のめあてとして仮に用意した計画であると考え

写真1-5　昭和8年誘導保育の様子　列車内（汽車遊び）

（写真提供：お茶の水女子大学附属幼稚園）

られた。

4.「保育要領」から「幼稚園教育要領」へ

　第二次世界大戦後，連合国軍総司令部（G.H.Q.）の占領下で日本の教育改革が始まり，昭和23（1948）年に「保育要領―幼児教育の手引き―」が文部省から刊行された。「保育要領」は，総司令部民間情報教育局（C.I.E.）顧問でアメリカの進歩主義教育をすすめたヘファナン（Heffernan, H.）の指導のもと，倉橋惣三らが加わった文部省の幼児教育内容調査委員会によりつくられた。

　「保育要領」では，保育内容は「**楽しい幼児の経験**」として「**見学，リズム，休息，自由遊び，音楽，お話，絵画，製作，自然観察，ごっこ遊び・劇遊び・人形芝居，健康保育，年中行事**」の12項目になった。

　「保育要領」は，幼児の生活を基盤とし，興味と自発的な活動を中心に保育する考えが，文部省より初めて示されたものである。たとえば，教育目標に向かう「出発点となるのは子供の興味や要求であり，その通路となるのは子供の現実の生活である」と記されている。

　また，「一日を特定の作業や活動の時間に細かく分けて，日課を決めること

図・表1-3　誘導保育案（年長組・第一保育期：満五歳，満六歳）

誘導保育案

　　第二週（年長組に進級した週の翌週：筆者注）

　幼稚園を中心としてその附近の市街製作。
　今迄に幾度か遊びに行って，あの垣根ごしに国分寺一帯を眺めているので，この学校の西の方面の大体の様子は，子供等の心にも刻まれている。北の方は毎日通園の途々あまりにもよく目に触れているし，東の方は途があり，兵器廠跡である事は，春の侯につくし摘みに行って幾度か見ている事である。そこで，ある日，一枚の大判の模造紙を取り出して，机の上に広げる。まわりの二三の子供は，好奇心を持って寄って来る。これをきっかけにみんなを自分のまわりに集める。極く大まかに，ここは幼稚園，と長方形を描く。ここは本校，ここに小学校があって，こちら側に女学校，ここの通は毎朝皆さんの通って来る道，ここは学校のご門があるの。と説明しながら長方形やら道の線，ご門等を描く。それから，これ等を含めて学校の構内を区画する。地図と言うものは抽象的なものであるから子供等の心にどう映ったかしらと不安を持ちながら見渡したが，流石朝夕見慣れてる為かよく呑み込めるらしい。それで安心してまたつづける。この通りは電車通りでこれの端が省線大塚駅。（省線通園児半数あり）ここが仲町の交差点，この電車（交差点を描きて）では誰さんがいらっしゃるのね，と言った工合にして大体の観念を子供等の頭に浮かばせる。「学校の周囲を走る電車通りの両側の街を指して，この辺のお店屋さんをみんなで作りましょうね，この辺の家を毎朝通って来る時よく見ていらっしゃい。そして，御自分はどの家を作ろうかと考えて置いて頂戴ね」，これ位にして今日は之で止めておく。これに続けて作り方の相談も出来ない位今迄長い時間つづけたわけではないけれど，子供にとっては出し抜けの相談なのであるから，そう急がずに，も少しゆとりを置いて，ゆっくり考えて貰い度い心組から。
　中，一二日おいてまた適当の時を見計らってみんなに相談を持ち掛ける。
　「こないだご相談したこの辺の街を作ることね，どんな風にして作りましょうか？両側にあるお店は，皆さんのお家にある，紙の空箱を持って来ていただき度いの。それにお窓をつけたり，お店を切ったり，棚をつけたりした方が，しっかりと出来ていいですね，（空箱利用のお店の出来てるのを見せる）。
　若し無かったらボール紙で組み立てて上げましょう。町の電柱だの，樹だの，電車，自動車，通ってる人等も拵えてそれぞれ立ててほんとの大塚の町の様にしましょう。どんなものが通るか，又どういうお店屋さんがあるか，どういう建物があるか毎日見ていらっしゃるのですけど，これからは尚よく見て置いて頂戴ね」等と言って日頃の観察に一段と念を押して置く。
　今週はこれ位にして置いて，子供等の心に動機性や内容を醸させ様とする。
　これに依って考えられる期待効果としては，製作としてついて来る効果は勿論の事，観察が一層確実にせられることは言うまでもない。全体的総合への個人的分担の経験，即ち個人として作った一商店なり一家屋なりが，やがて総合配置せられた時に，全体としての町の一部を確かに分担してるのだと言う事が，淡いながらも子供等の心の中に映じると思う。それから，作られた家とか停留場等が実際に置かれるので，幼稚園附近の地況が今迄よりはずっとはっきり分る，之がとりも直さず郷土教育の最初の階梯だとも言えるであろう。
　この案はなかなか発展して行く。先ず十週位か，もっと長く続き得ると見ていい。
（後略）

（出典：菊池ふじの「『系統的保育案の実際』解説（一）」『幼児の教育』第36巻第3号　日本幼稚園協会　1936年，p.75-79）

は望ましくない。…幼稚園の毎日の日課はわくの中にはめるべきでなく，幼児の生活に応じて日課を作るようにすべき」とある。さらに「一日の生活は自由遊びが主体となる」として，幼児の自発的で自由な遊びを重視していた。

しかしすでに述べたように，「保育要領」は保育内容の系統性に乏しく，のちに教育課程の作成の参考になりにくいなどの批判が生じるようになった。

昭和31（1956）年に制定された「幼稚園教育要領」は，幼児の自由で自発的な活動を基本にしながらも，指導計画の作成のために保育の系統性と計画性を重視している。保育内容は，「**健康**」「**社会**」「**自然**」「**言語**」「**音楽リズム**」「**絵画製作**」の 6 つの**領域**に整理された。「保育要領」の12項目が幼児の活動や経験の羅列と批判されたことに対し，「領域」は保育の内容を組織的に考え，計画を作成しやすくするものだった。

当時は領域を小学校の教科のように考えて指導し，幼稚園教育を小学校教育の準備教育ととらえる傾向が生じたという。「幼稚園教育要領」では，幼児の生活経験はいくつかの領域にまたがり，領域は教科とは異なることが示されていた。しかし，幼稚園と小学校の教育課程に一貫性をもたせようとしたこと，小学校の教育課程を考えて計画するようすすめたこと，「領域」について十分理解されなかったことから誤解を招いたと考えられる。

昭和39（1964）年の「幼稚園教育要領」の改訂は，このような誤解を改めるとともに，昭和36（1961）年の「学習指導要領」（小学校・中学校・高等学校）改訂を踏まえて行われた。

この「幼稚園教育要領」では，「領域」に示された事項は，「相互に密接な連関があり，幼児の具体的，総合的な経験や活動を通して達成されるもの」であると明記された。また，「幼稚園教育は，小学校教育と異なるものがある」こと，「その特質を生かして，適切な指導を行うようにすること」も述べられている。

けれども，幼児の生活よりも保育者の指導の目標が優先され，それにふさわしい活動を選択し，順序をきめて指導計画に並べる傾向がみられたという。「幼稚園教育要領」では，教育課程の編成において，「各領域に示す事項を組織し，幼稚園における望ましい幼児の経験や活動を選択し配列して，適切な指導

ができるように配慮しなければならない」と記されたこと，領域に示された事項に具体的な活動内容が含まれていたことなどが，その背景にあったと考えられる。

5．新しい幼児教育の幕開け─平成元年の「幼稚園教育要領」改訂から

　昭和39（1964）年から平成元（1989）年の「幼稚園教育要領」の改訂に至るまでの20数年もの間に，子どもをめぐる環境は大きく変わってきた。都市部だけでなく地方でも都市化が進み，子どもが自然にふれる機会や遊び場，人々とかかわる地域社会が失われつつあった。親と子どもからなる核家族の増加と少子化により，家庭で複雑な人間関係を経験することもなくなった。

　絵本，テレビ番組，ビデオ，おもちゃ，テレビゲームなど，子どもむけの文化財はあふれるようになったが，子どもが本当の意味で豊かな文化にふれることについて十分に配慮されていたわけではない。これらの社会状況の変化を踏まえて，文部省において「幼稚園教育要領」の改訂に向けた調査，研究はなされていった。

　一方で，子どもの発達や学びをめぐる心理学や教育学の研究もめざましく進んだ。子どもの発達は，まわりの環境からの刺激（大人の働きかけなど）を受けて，子どもが態度や能力を身につけるという面が強調されていたが，子どもも自ら能動的に環境に働きかけ，周りの状況に関連づけてそれらを身につけているという面も重視されるようになった。

　発達の過程も，個人差があるのはもちろんのこと，一人の子どもにおいても連続的ではあるがいつも順調にすすむのではなく，ときにはとどまったり，飛躍的に進んだりするものであることが意識されていく。

　学習も，それまでは行動主義に基づいて，子どもが個人的に知識や技能を得ることと考えられていた。これに対して，子どもは周りの大人や子どもを観察したり，対話したりすることを通して，人との関係のなかで物事を学んでいるという，社会的構成主義の学習が注目されるようになった。また成熟した大人に対して，子どもを未成熟と捉えるのではなく，好奇心にあふれている，頭だけでなく体で実感する，自分から活動に入り込む，そのものになりきるなど，

写真1-6　草花を使った色水作り（4歳児）

（写真提供：東京学芸大学附属幼稚園小金井園舎）

子どもであることの特性を踏まえて学習をとらえようとする動きも出てきた。

　これらを背景に平成元（1989）年の「幼稚園教育要領」の改訂では，環境を通して行う教育，幼児の主体的な活動を中心とする生活，遊びを通しての総合的な指導，一人ひとりの発達の特性に応じた指導の基本的な考えが打ち出されたといえる。

　領域もそれまでの6領域から「**健康**」「**人間関係**」「**環境**」「**言葉**」「**表現**」の5領域となった。なかでも「人間関係」は，子どもが自分という存在感をもち，周りの人への関心を芽生えさせ，他者への共感や思いやりをもつようになる過程，人とかかわりで葛藤する体験の大切さを踏まえて，新しく加えられた。「環境」は，旧要領の「社会」「自然」の領域を単にあわせたものではなく，子どもが興味，関心をもって環境に自らかかわり，それらを生活にとりこんで感動したり，楽しんだり，探究したりする姿をとらえる観点から置かれている。

　領域には，それぞれ「ねらい」と「内容」も分けて示されるようになった。旧要領では，領域ごとに「ねらい」が「必要な習慣や態度を身につける」「興味や関心をもつ」などの望ましい子どもの姿，「すべり台，ぶらんこなどで遊ぶ」などの具体的な活動で表され，それらすべてが「内容」でもあった。

平成元（1989）年の改訂では，「ねらい」は幼児期に育つことが期待される「心情，意欲，態度」となり，「内容」は「ねらい」を達成するために指導する事項となった。いずれの「ねらい」「内容」も，大人が体系的に指導して子どもに知識や技能を与えていくものではなく，子ども自らの生活や遊びを通して経験していく事柄を表している。

　指導計画については，幼児が環境にどのようにかかわって活動を生み出していくかに配慮して作成することが重視されるようになった。平成3（1991）年には，文部省より指導計画の考え方を説明した資料（『幼稚園教育指導資料集第1集　指導計画の作成と保育の展開』）も出されている。

　これによれば，指導計画の作成は，幼児のありのままの生活から子どもの姿を理解し，そこに子どもの育ちへの保育者の願いをもりこんで具体的なねらいと内容を設定し，これを達成できるような環境の構成と保育者の援助を考えるという手順で示されている。実際の指導計画の例として，保育者の用意する環境の構成を視覚的な図によって，わかりやすく表したものも紹介されている。

　また指導計画は，環境とかかわって子どもが生み出すさまざまな活動に応じていくものとの考えも示された。つまり，子どもの活動が想定していたものとは異なる場合もあることを含み込んで，指導計画は柔軟に変わりうるものであり，その意味で仮説的なものであるとされたのである。

6．平成10年と平成20年の「幼稚園教育要領」の改訂

　平成10（1998）年以降の「幼稚園教育要領」の改訂では，基本的に平成元（1989）年の「幼稚園教育要領」の基本を受け継ぎ，当時の社会状況に応じて充実，発展させている。

　平成10（1998）年の改訂では，新たに保育者の基本的な役割がはっきりと記されるようになった。その前の改訂では，遊びを中心とする保育において保育者は何を見てどうすればいいのかという戸惑いや疑問の声があがった。そこで，保育者は幼児一人ひとりの行動の理解と予想に基づいて計画的に環境を構成すること，子ども活動の場面に応じてさまざまな役割を果たすことが示されるようになった。

写真1-7　イメージを言葉と絵で表現（5歳児）

（写真提供：東京学芸大学附属幼稚園小金井園舎）

　また教育課程の編成の軸として，自我が芽生え，他者意識が生まれる幼児期の発達の特性を踏まえることを示したことも新しい観点である。幼児教育から小学校教育へ入学する際の子どもの経験の段差も社会的な問題（小1プロブレムなど）となった。改訂では，幼児教育と小学校教育との連携を重視して，幼児教育が小学校以降の生活や学習の基盤の形成につながることに配慮することを記している。

　平成20（2008）年1月に中央教育審議会答申「**幼稚園，小学校，中学校，高等学校及び特別支援学校の学習指導要領等の改善について**」が出され，「幼稚園教育要領」については次のような方針が示された。

　〇発達や学びの連続性および幼稚園での生活と家庭などでの生活の連続性を確保し，計画的に環境を構成することを通じて，幼児のすこやかな成長をうながす。

　〇子育て支援と教育課程にかかる教育時間の終了後などにおこなう教育活動については，その活動の内容や意義を明確にする。

　このような方針の背景には，近年の子どもの育ちの変化（基本的な生活習慣の欠如，食生活の乱れ，自制心や規範意識の希薄化，運動能力の低下，コミュニケーション能力の不足，小学校生活にうまく適応できないなど）が指摘され

ている。また，家庭や地域の教育力が低下したといわれるなかで，幼稚園の機能を生かした子育ての支援が求められ，いわゆる**預かり保育**を実施する園も増えて，その適切な実施が求められるようになったという状況もある。

　平成20（2008）年の「幼稚園教育要領」の改訂では，特に教育課程の編成において，幼稚園は幼児期の特性をふまえた幼稚園教育を行うことにより，義務教育およびその後の教育の基礎が培われることが明確にされた。今日では，幼児の協同的な活動を通した学びや幼稚園，保育園，小学校の連携にかかわる教育実践やこれにかかわる教育課程，指導計画の研究も蓄積されつつある。

演習問題

A．幼児教育における教育課程の性格を「学びの経験の総体」，「公的な枠組みによる計画」の2つの側面から説明してみましょう。

B．幼稚園や保育所における実際の教育課程，保育課程を見ながら，そこに幼児教育の基本がどのように反映されているか，具体的にあげて説明してみましょう。

C．幼児教育における教育課程の歴史的な変遷について，論述してみましょう。

2章 教育課程編成の基盤として 幼児の発達

　幼児教育課程は，幼児の特性とその発達の筋道に即して編成される。本章のねらいは，発達をいかにとらえるかという「発達のとらえ方」を踏まえたうえで，幼児期の発達の特徴と筋道を保育実践と関連づけて理解することにある。

　幼児期の発達については，具体的な事例を取り上げ，実際の幼稚園での子どもと保育者の姿からその特徴と筋道を理解していく。特に3～5歳の時期については，入園から卒園までの3年間を通しての3名の男児たちの姿を縦断的に追った事例と，それぞれの時期の保育者の語りから，それぞれの時期における子どもの発達について，考察する。

1 教育課程の基盤となる発達の姿

　教育課程は幼稚園教育要領（文部科学省，平成20年）に基づき，各幼稚園の教育理念や教育目標に対応して編成される。その基盤となっているのは，幼児期の子どもの特性とその発達の筋道である。

　したがって，教育課程の編成には，幼児期の発達の理解が不可欠である。本章では，幼稚園入園から修了までの時期に重なる3歳から5歳に焦点をあて，その発達の過程を具体的な保育の事例に沿って述べていく。

2 発達のとらえ方

1．環境と関係の網の目のなかで展開する

　「幼児期の発達」と一口に言っても，「発達」をどのようにとらえるかという発達観によってその意味するところは異なる。教育課程の基盤となる発達のとらえ方は，保育の特質を踏まえたものである必要がある。

　藤崎（2003）によれば育児・保育現場での発達は，①身体的・生物学的な要因，②人との関係などに基づく喜びや緊張・ストレスなどの心理的要因，③家庭環境や地域環境などの社会的要因，という3つの要因によるとされている。幼児期の発達は，子どもにのみ焦点をあてるのではなく，子どもを取り巻く環境（物的・人的環境），具体的には家庭や地域との関係として理解することが求められる。

2．諸側面が絡まり合って展開する

　幼稚園教育要領の「第1章総則」では，以下のように記されている。

> 幼稚園教育要領　第1章　総則　第1節　幼稚園教育の基本　3
> 　幼児の発達は，心身の諸側面が相互に関連し合い，多様な経過をたどって成し遂げられるものである

　ここでいう発達の「諸側面」とは，幼稚園教育要領の5つの領域「健康」「人間関係」「環境」「言葉」「表現」としてとらえられる。この5領域は，発達をみる「切り口」である。それぞれの領域の内容は具体的な活動を通して相互に絡み合う形で子どもに経験され，子どもの発達につながっていく。このことを，幼稚園の具体的事例から考えてみたい。

〈事　例　2-1〉

「けずって，けずって，ぱんぱんぱん」（4歳児　12月18日）
　年長の5歳児の砂山作りに刺激され，4歳児達も砂場に大きな山を作るよう

になった。ある日，登園してきた女児が，砂場の大きな山（前日から残してあった）を見て「もっと大きくするの，空よりも」と言うと，そばにいた男児は「屋根まで」と笑う。女児は「幼稚園の空がなくなっちゃうよ」言う。

　その日も男児を中心に数名の子どもたちが砂山作りに取り組んだ。作りながらある男児は「白砂をかけるとやわらかくなるよ」と言う。男児たちは山の斜面を滑らかするようにヘラでたたきながら，「けずって，けずって，ぱんぱんぱん〜」と歌い，山の周りをぐるぐると回る。

　この事例での遊びは「砂山作り」であるが，そのなかで子ども達が経験している内容は多岐にわたり，それぞれが相互に関連している。たとえば，冒頭の女児と男児の会話は2人が気持ちを通わせ，自分の感じたことや考えたことを表現している点では「言葉」の発達にかかわり，それは同時に友だちに親しみをもつという人間関係の発達とも関連している。

　また，みんなで1つの砂山を作り上げようとする子ども達の姿も互いに協力するという点で人間関係の発達にかかわる。さらに，別の男児の言葉にあるように同じ砂でもぬれた砂（黒砂）と乾いた砂（白砂）とでは性質が異なるという，物の性質についての理解を子どもなりに深めている。

　そして，男児たちが砂山を作りながら「けずって，けずって，ぱんぱんぱん」と歌う姿は，音やリズムで気持ちを表現し，その楽しさを分かち合う経験でもある。一緒に山作りをして気持ちが通じ合っているからこそ歌が出てくるのだろう。言いかえると，同じ歌を歌って同じ動き（山をおさえながら，山の周りをぐるぐる回る）をするなかで，気持ちが通じ合い，友達と一緒に遊ぶ楽しさを経験しているといえる。

　このように，子どもの発達とは，具体的な活動のなかで，ある側面の経験と別の側面の経験とが密接に関連しながら積み重ねられていくものである。保育とは，遊びを中心とする生活を通して，それらの関連を豊かで厚みのあるものとしていく専門的な営みである。

3．子どもそれぞれの速度と経路がある

　そして，幼児期の発達に関して留意すべきことは，子どもそれぞれの速度と

経路による差があるということである。前項で引用した幼稚園教育要領の「第1章総則」では，以下のように続けられている。

> 幼稚園教育要領　第1章　総則　第1節　幼稚園教育の基本　3
> 　幼児の生活経験がそれぞれ異なることを考慮して，幼児一人一人の特性に応じ，発達の課題に即した指導を行うようにすること

〈事　例　2-2〉

> 「E子ちゃんも？」（3歳児　6月27日）
> 　透明なビニールで作った羽根を背中に付けた女児を見て，数名の子どもたちが興味深そうにそばに寄ってくる。担任の先生が，その女児が持っている同様の羽を出してくる。すると，羽根をつけた女児は「かーしーて」って言ったら（貸してあげる）と言う。他の女児たちは「かーしーて」と言って羽を借りて背中に付ける。その一方で，ある女児はこの一連の様子を少し離れてじっと見ていた。
> 　借りられるビニールの羽根が足りなくなり，先生は子どもたちとともに他のクラスへ「羽根になるもの」を借りに行くことになる。先生は「〇〇子ちゃんも？（羽根を付けたい）？」と，じっと見ていたその女児に声をかけ，手をつないで廊下へ出ていく。

　事例2-2は，入園して3か月ほど経った3歳児クラスでの様子である。事例の前半で羽根を付けている女児に「かーしーて」と言って羽根を借りた女児たちの一方で，みんなの様子をじっと見ていたある女児がいた。その様子からは彼女も羽根を付けたいと思っているようだった。園生活に慣れてくると子どもは，しだいに自分のしたいこと，欲しい物を自分自身の言葉で表現するようになる。しかし，実際には羽根を借りて付けたいと思っていても，それを言葉で表現することをためらったり，できなかったりする子どももいる。

　この事例と同じ時期の他の事例でも，この女児が他の子の遊びに加わりたそうに砂場のそばを歩いている姿もみられた。担任の先生はこの女児について「自分からやりたいことを言えない。けれど遊び込む力はすごい」「1学期の最初は保育者のそばにいて，他の子の様子を見て，状況がわかってから動くタイプだった」と語っていた。

この事例で先生が「○○子ちゃんも？」と声をかけたのは，日頃の様子からその女児なりの育ちの筋道や段階を理解したうえで，その場面での彼女の気持ちを察したからだといえる。
　大まかな発達の筋道は同じであっても，その速度や経路は子ども一人ひとりによってさまざまである。それぞれの子どもの具体的な姿とそこに表された発達の課題を丁寧に読み取り，援助していく姿勢が保育の基本となる。
　また，乳幼児期の子どもをもつ保護者は程度の違いはあっても，自分の子育てに自信がもてなかったり，子どもの発達に不安に感じたりするものである。その背景の一つには，育児書に書いてある「平均」や「標準」にとらわれすぎたり，わが子と他の子との比較に敏感になったりすることが考えられる。
　したがって，保育者は，それぞれの子どもにその子なりの発達の速度と経路があることを保護者にわかりやすく丁寧に伝え，子どもの発達に対する共通理解を図っていくことが求められる。保護者の心理的安定が，保護者と子どもとのかかわりを肯定的なものとし，それが子どもの情緒の安定を導き，子どもの発達を支え促すからである。

4．保育における発達のとらえ方

　発達は時間の経過に沿った過程であるが，単に年齢を重ねれば「できること」が，右肩上がりで増えていく直線的なものではない。もちろん乳幼児期の発達は，運動や言葉の発達を挙げるまでもなく，「できること」「わかること」がどんどん増えていく。しかし，そのことばかり注目してしまうと，発達を目に見える外的な行動，大人からみて評価しやすい行動のみで判断してしまうことになり，子どもの心情面の育ちとその複雑さを見落としてしまう危険性がある。
　幼稚園教育要領では，5領域（健康，人間関係，環境，言葉，表現）でそれぞれ3つずつ「ねらい」がある。これは生きる力の基礎となる「心情・意欲・態度」を領域ごとに挙げたものである。たとえば，領域「健康」のねらいは以下のとおりである。

> 幼稚園教育要領　第2章　第2部　1　心身の健康に関する領域「健康」　ねらい
> (1)　明るく伸び伸びと行動し，充実感を味わう。
> (2)　自分の体を十分に動かし，進んで運動しようとする。
> (3)　健康，安全な生活に必要な習慣や態度を身に付ける。

　このような「心情・意欲・態度」から成るねらいは，目に見える行動に焦点をあてた客観的基準で評価することはできない（河邉，2005）。この3つのねらいの達成は，個々の子どもの発達の過程がどのような関係のなかで，どのような道筋をたどってきたかを理解することなしには評価できない。

　心情・意欲・態度に焦点をあてて子どもの発達を理解するとは，その過程を，時に曲線となったり，止まったり，戻ったり，という複雑な過程として理解することである。たとえば，4歳以降，子どもは自分自身について意識が複雑になり，他者から見た自分（他者に自分がどう思われているか）も意識するようになる。その意識の芽生えによって，苦手意識や恥ずかしさの感情が生じ，そのことでクラス一斉での運動遊びや製作活動への参加を拒否する子どももいる。クラスの一斉活動に参加しないことは，一見すると停滞や後退と思われるかもしれないが，子どもが自分に自信をもち意欲的に活動に取り組むようになるために，乗り越えるべき壁に直面し，乗り越えようとしている姿としてとらえられる。

　津守（1997）は，自身の養護学校での実践者としての経験から，保育における子どもの発達の見方について以下のように述べている。

>　保育的関係の中で知覚されるのは，行動上の発達だけではない。自分が，自分で，自分からという自我が育っているかどうかが保育者の関心である。そこが育てられていなければ，ある能力だけが向上しても，保育者にとっては不満足である。（津守真　1997）

　子どもの内面の変化を丁寧に読み取り，それを子どもの発達の過程のなかで意味づけていく作業が，保育における発達のとらえ方であり，評価である。

3 3歳未満児の育ち

　幼稚園教育は3歳（満3歳）から実施されるが，それは0～3歳まで子どもの発達の延長線上に展開するものである。

　図・表2-1は，浦安市の就学前の幼稚園と保育所の保育・教育指針（『いきいき☆浦安っ子』，2009）のなかの，0歳～2歳代の発達段階の特徴とその連続性を示したものである。

　ここでは，幼稚園教育要領（および保育所保育指針）の5領域（「健康」「人間関係」「言葉」「表現」「環境」）を踏まえつつ，発達を「動く」「出会う」「伝える」「感じる」「わかる」という子ども自身の動き（動詞）で表した5つの側面からとらえている。

　誕生から1歳頃までの発達は，養育者（保育者）との愛着による深い結びつきを基盤にしつつ，音声と対象の結びつきによる言葉の獲得，歩行の開始，自己主張などの自我の芽生えがある。その後1，2歳代の発達では，家族以外の人（他の子ども）とのかかわりや，周囲のものとのかかわり（見立てやふりなどイメージをもってかかわる）が一段と広がっていく。

　これらの発達の具体的な姿は，次のような事例に見られる。事例2-3，2-4は，浦安市就学前教育・保育指針『いきいき☆浦安っ子』の事例である。

〈事　例　2-3〉

> **体を使った遊び──戸外遊び──1歳児（1歳～1歳6か月未満）**
> 　保育者が，「お天気がよいから，お外で遊ぼうね。」と声をかけると，喜んで自分の帽子と靴下を持ってきます。
> 　A子は，最近2，3歩歩けるようになりました。
> 　保育者と共に砂場に行くと，手で砂をつまんだりシャベルで砂をすくったり，身近にあるものでひとり遊びに熱中しています。
> （A子の姿に対する保育者のコメント：ひとり遊びをじっくり楽しんでいるが，保育者が見守っていることを確認し，離れてしまうと声を出して呼んだりする。この時期は，できるだけ同じ場所を選び，安心して遊べるようにします。）

図・表2-1　0，1，2歳児の発達の特徴と育ちの連続性（浦安市，2009）

			0歳児	1歳児	2歳児
心が育つ・体が育つ	動く	全身運動 手指の運動 生活習慣	・首のすわり，寝返り，お座り，ハイハイ，つかまり立ち，伝い歩き ・手，指に触れたものを握る ・指先で物をつまむ ・食事，睡眠，遊びのリズムが安定してくる ・ぐずったり泣いたりして，眠り，空腹，排泄など，生理的欲求を伝える	・歩行し始める ・手で投げたり，足で蹴るなどの動きが可能になる ・立ったり，座ったり自由に体勢を変えることができる ・指先が自由に動かせるようになり，つまむ，たたく，引っ張る，ちぎるができる ・身の回りのことで自分でしてみたいという気持ちが出てくる	・小走り，跳ぶ，昇り降り，押す，引くなど，体のバランスを保ちながら動く ・地面に両手をつけて片足を上げたり股覗きをする ・指先に力が入り，押さえたり，引っ張ったり，ねじったりする ・スプーン，フォークを使って食事をする ・ボタンをかけるなど，技術を要することに挑戦する ・大人に手助けされながら，着脱，排泄を自分でしようとする
	出会う	自己の発見 対人関係	・親しみをもっている人を目で追う ・あやすと笑い，語りかけに喃語やしぐさで応答する ・人見知りをする	・自己主張が始まる ・身近な人に興味や関心をもち，かかわろうとする ・身近な人と同じことをして喜ぶ	・自己主張が強くなる ・一方的な指示に「やだ」と言い，「じぶんでじぶんで」と言う ・自分と相手との関係の強弱がわかる ・男の子と女の子の違いに興味を示し，相手の性別もわかり始める
	伝える	ことば	・「ウーウー」「ウックンウックン」など，口を動かし声を出すことを楽しむ ・「マンマンマン」「ダダダダ」などのようにまとまりのある音声を発する ・「マンマ」「タータン」など，音声と対象が結びつく	・単語や「ワンワンねんね」などの二語文を話す ・「これなぁに」と繰り返し聞く	・「いや」「もっと」「どうして」「なんで」など，自分の気持ちを表現する ・したいこと，してほしいことを身近な相手に簡単な言葉で伝える
	感じる	表現	・快，不快を笑ったり泣いたりすることで表現する	・クレヨンなどで，なぐり描きをする ・歌や曲を聴いて，気に入った場面を声や体の動きで表現する	・クレヨンでぐるぐる描きをしたり，同じ形のものを次々と描いたりして，意味をつけ始める ・「～のつもり」と意図をもって動いたり，描いたものを「～みたい」と見立てたりし始める
	わかる	もの 環境	・音のするものに興味を示す ・人や物など，動くものを目で追う ・身の回りのものに手を伸ばし，触れたりなめたりする	・ボールを転がしたり，投げたり，拾ったりすることを楽しむ ・積み木を並べたり，積んだり，崩したりする ・水，砂，落ち葉，布など，身近なものに触れ，感触を楽しむ	・積み木を動かして「バス」と言ったり，ものや行為そのものからイメージを広げる ・身近にあるものを見立てて走らせるなど，見立て，つもり遊びをする ・形，大小，色などに関心をもつ

（出典：浦安市就学前「保育・教育」指針策定事業「いきいき☆浦安っ子─乳児・幼児期にふさわしい生活の展開と学びの芽の育み，そして就学へ─」浦安市，2009年を一部改変）

〈事例 2-4〉

見立て遊び―電話ごっこ―2歳児（4月）

　保育者から離れられず，遊べない新入園児のB男を抱いている側で，ままごとのスプーンを耳にあてて遊んでいる進級児のA子。

保育者「何しているのかな？」
A　子「ママにいってらっしゃいって言ったの」
保育者「ママにお電話していたのね。ママなんて言っていたかな？」
A　子「お仕事」
保育者「そう　お仕事がんばっていたのねー」
遊んでいる様子を興味深く見ているB男の耳にスプーンをあて
保育者「B男君もママに電話してみようか？」
　　　　「もしもし，B男君のママですか？今B男君に代わりますね」
B男　スプーンを耳にあて黙っている。
保育者「B男君保育園で頑張っていますよ。ママもお仕事がんばっていますか？」
B男　うなずきながらニコニコしている。
保育者「もしもし　A子ちゃんは何して遊んでいますか？」
A　子「ご飯つくっているの」
保育者「おいしいご飯が出来たら教えてね」
B男にもままごとのご飯を一緒につくろうと声をかけ遊び始める。

　事例2-3では，歩けるようになった1歳児が戸外遊びのなかで，砂など周囲の環境に積極的にかかわる姿がみられる。事例2-4では，子どもが自分のイメージ（見立てやふり）を言葉で表現し，保育者がそれを丁寧に受け止めながら子どもの不安を癒している。さらに保育者の援助によって，遊びの新たなイメージと，子ども同士のかかわりも生じている。事例2-3，2-4のように，子どもが遊ぶには，安全でかつ子どもが興味をもてる環境づくりや，保育者と子どもとの間の信頼関係，子どもの気持ちを読み取り子どもの遊びを大切にする保育者の存在が不可欠である。

　幼稚園に入園する子どもの多くは，入園前は家庭で保護者と過ごす生活を送っているが，子どもと1対1で長い時間を過ごす保護者が，ストレスを高めて子育てに自信がもてなかったり，孤立感を強めてしまったりすることも少な

くない。

　現在，地域の乳幼児とその保護者すべてを対象に，地方自治体や民間組織（NPOなど）による「子育て支援」事業が各地で実施されている。子育てサークル，子育て広場，未就園児対象の保育（2歳児クラス）などを利用する親子も多く，幼稚園入園前の保育経験は多様になってきている。幼稚園の教育課程の編成にあたり，これらの状況についても留意する必要があるだろう。

4　幼稚園入園後（3〜5歳）の育ち

　幼稚園入園は，子どもの発達の大きな節目である。幼稚園生活は，同年齢の子どもたちとの集団生活であり，そのなかで子ども同士の関係が本格的に展開するようになる（山本，2000）。

　ここでは，ある幼稚園のA，B，C3名の男児の3年間の幼稚園生活について3歳から小学校就学までの子どもの発達を追っていく。

　図表2-2は，A，B，Cの3年間の幼稚園での発達を，以下に続く事例の概要と合わせて図示したものである。

1．3歳児の姿

〈事　例　2-5〉

　いつもふたりで（3歳児　9月）
　　園庭でAとBはプラスチック製の虫かごをそれぞれ持って，じゃれあって笑い，「お山」（この幼稚園にある大きな銀杏や築山のある広場）へ向かう。「お山」の広場で2人は丸太のつり橋を渡る。Aがどこかへ行こうとすると，BがAをひきとめる。

〈事　例　2-6〉

　「ふふふ…」（3歳児　9月下旬）
　　保育室でBは女児たちが「もしもし，○○くんですかー？」と言って電話ごっこをしている様子を，少し離れたところから見ている。BのそばでAも

2章 教育課程編成の基盤として幼児の発達——37

図・表2-2　A，B，Cの幼稚園生活を通しての発達

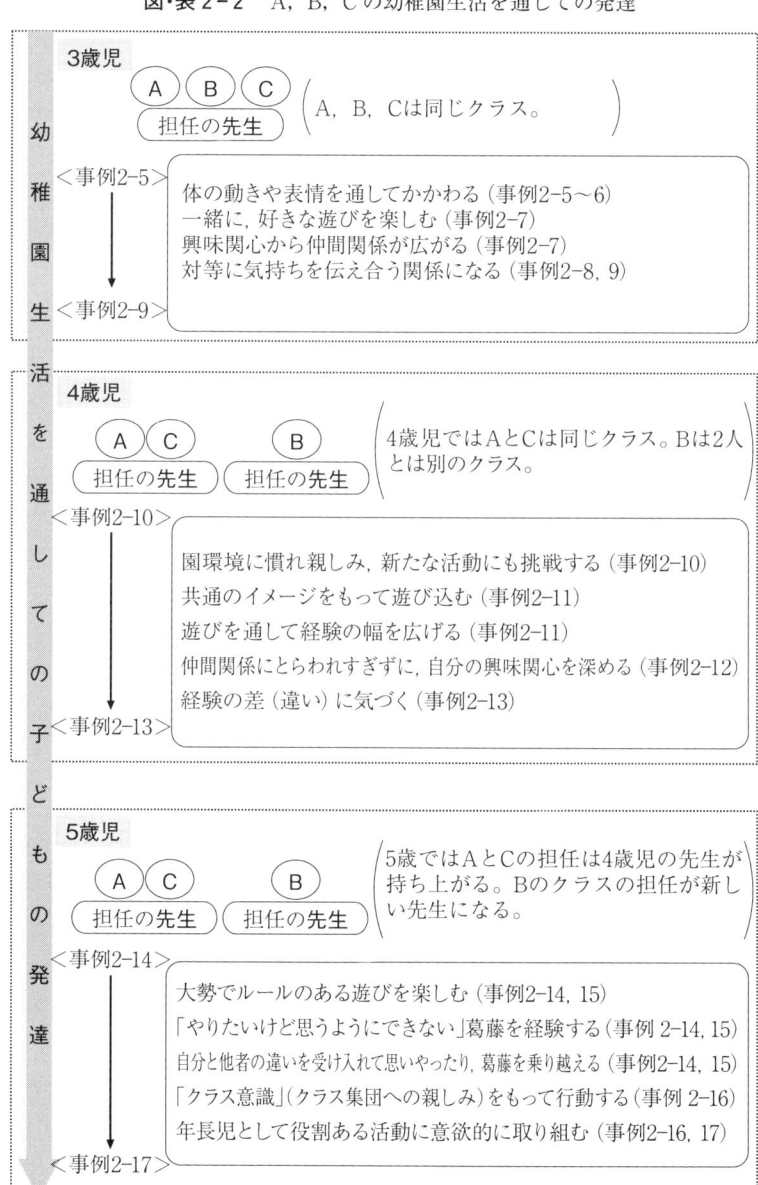

幼稚園生活を通しての子どもの発達

3歳児
A　B　C
担任の先生
（A，B，Cは同じクラス。）

<事例2-5>
↓
<事例2-9>

体の動きや表情を通してかかわる（事例2-5〜6）
一緒に，好きな遊びを楽しむ（事例2-7）
興味関心から仲間関係が広がる（事例2-7）
対等に気持ちを伝え合う関係になる（事例2-8, 9）

4歳児
A　C　　　B
担任の先生　担任の先生
（4歳児ではAとCは同じクラス。Bは2人とは別のクラス。）

<事例2-10>
↓
<事例2-13>

園環境に慣れ親しみ，新たな活動にも挑戦する（事例2-10）
共通のイメージをもって遊び込む（事例2-11）
遊びを通して経験の幅を広げる（事例2-11）
仲間関係にとらわれすぎずに，自分の興味関心を深める（事例2-12）
経験の差（違い）に気づく（事例2-13）

5歳児
A　C　　　B
担任の先生　担任の先生
（5歳ではAとCの担任は4歳児の先生が持ち上がる。Bのクラスの担任が新しい先生になる。）

<事例2-14>
↓
<事例2-17>

大勢でルールのある遊びを楽しむ（事例2-14, 15）
「やりたいけど思うようにできない」葛藤を経験する（事例2-14, 15）
自分と他者の違いを受け入れて思いやったり，葛藤を乗り越える（事例2-14, 15）
「クラス意識」（クラス集団への親しみ）をもって行動する（事例2-16）
年長児として役割ある活動に意欲的に取り組む（事例2-16, 17）

> 他の子どもの遊びを見ている。Aが電話を持つふりをすると，Bはままごとコーナーから電話を机に持ってきて，「なんですかー？」「なにーっ？！」と電話のふりをする。
> しばらくして，Bはままごとコーナーに入り，Aはままごとコーナーの手前の柵の外側からBの様子を見ている。2人は視線が合うと「ふふふ……」と笑い合う。その後，ままごとコーナーに他の女児や担任の先生も「おじゃましよう」とやってきて，Aはままごとコーナーのそばからその様子をじっと見る。

　4月に入園し，夏休みも含めて半年近くが経過した2学期の9月，AとBは一緒に過ごす姿がよく見られた。Aは他の子どもに比べると少しおとなしめな印象で，一方のBは声や動きも大きく，自分の思いをはっきりと主張する印象だった。

　事例2-5，2-6での2人のかかわりは，同じ場所に「共にいる」ことが中心となっている。言葉のやりとりも見られるが，それ以上に一緒に移動したり，笑い合うなど，言葉以外の動きや表情によってかかわっている。3歳を過ぎる頃から，子ども同士のかかわりが活発になるが，それは同じ動きをしたり，触れ合ったりするという素朴なかかわりから始まる。

　この2人のかかわりを詳しく見てみると，事例2-5でBがAを呼びとめるなど，BがAに自分と同じペースや行動を求め，Aがそれに合わせる姿がみられる。どちらかというと，BがAを引っぱっていく（AがBについていく）関係だった。

　また事例2-6で，Bが電話のふりをしたり，ままごとコーナーに移動したりしても，AはそういうBの行動に注目しつつも，Bと同じ遊びは始めていない。このAの姿は，Bと同じように遊びたいけれど恥ずかしくてできない姿だったのかもしれないし，Bのことは気になるけれど自分は他のことをしたい姿だったのかもしれない。

　この時期，2人の担任の先生は，「Aは今揺れている。AがBについていかない姿もみられる」と語っていた。この時期，AはBについていくだけではない，自分のやりたいことをしたり，自分の思いを（言葉には表していないが）表現したりし始めていたのだろう。

2章　教育課程編成の基盤として幼児の発達——39

〈事例　2-7〉

「つくばエクスプレス」（3歳児　10月下旬）
　園庭でBがブランコをこいで「みてー」とAに言う。Aはブランコの柵の外からBを見ている。BがブランコをAに交代しようとするが、Aはブランコをしない。
　次に2人はつり輪の遊具に移動して、Bはすぐにつり輪にぶらさがり回り出す。Aは別のつり輪を遠慮がちに持つが、ぶらさがろうとせず、隣ののぼり棒のほうへ行く。Bがつり輪のロープをくるくるとねじって「みてー」とAに声をかけると、AはBを見てうれしそうな表情を見せる。

—— * ——

　園庭のすべり台をA、Bを含む数名の男児が、「丸の内線」などの路線名を言いながらすべる。すべり台の下で、先生は子どもが言った電車の路線にある駅の名前（「丸の内線」なら「お茶の水駅」）を言って、子どもが滑り降りてくるタイミングに合わせて遮断機のように手を挙げる。Aは「つくばエクスプレス」、Bは「東武東上線」などと言いながら、何度も何度も繰り返しすべり台を滑る。
　先生がすべり台から去って、教育実習生や他の先生が「遮断機」の役をとる。Aは腹ばいに寝そべって滑るなど、いろんな滑り方を試しながら、何度もすべり台を滑る。しばらくして年長の男児達もこの遊びに加わり、年長児が遊びを仕切り始める。そのことが不満だったのか、Bは滑り台からブランコへ向かう。けれど、AはBについて行かず、すべり台での電車ごっこを続ける。

　事例2-7の前半では、AとBが事例2-5、2-6同様に園庭で一緒に過ごしている。しかし、BがブランコをAに交代しようとしても、Aがそれは応えずにのぼり棒に移動している。AはBと一緒にいることを楽しみつつも、自分のやりたいことに向かっている（やりたくないことをはっきり示している）ようだった。事例2-7では、Aの表情は以前よりも明るく、のびのびと行動しているように感じられた。
　事例2-7の後半では、2人は他の男児と一緒にすべり台で「電車ごっこ」をしている。このクラスの男児達は電車が好きで、「電車」という共通の関心によって遊びの輪が広がっていた。いろいろな滑り方を試したり、Bがいなくなってからも遊びを続けたりしているAの姿は、彼が「自己を発揮して」遊

写真2-1　3歳児クラスの様子

（写真提供：お茶の水女子大学附属幼稚園）

ぶようになった姿といえる。

　幼稚園教育要領の第1章総則の「第1　幼稚園教育の基本」には，「幼児は安定した情緒の下で自己を十分に発揮することにより発達に必要な体験を得ていく」とある。子どもが自分の興味・関心に沿って行動し，自分の気持ちを遠慮せずに他者に表現しているかどうかが，子どもの発達を理解する重要な観点となる。

〈事例　2-8〉

「お塩も入っててねー，からしも入っててねー」（3歳児　12月上旬）
　AとCは園庭の砂場にやってきて，Aが青いバケツに赤いスコップを持つと，Cも同じ物を持つ。2人は，砂をふるいにかけて1つのバケツに入れて遊ぶ。2人は「カレーライス」を作り，Aは「お塩も入っててねー，からしも入っててね」と料理のふりをしてCに説明する。それから2人は，スコップでわざと急いでバケツに砂を入れることを楽しむ。

〈事 例　2−9〉

「Bちゃんは（サンタ）しない」（3歳児　12月下旬）
　保育室でAとCがサンタクロースの赤い三角帽子をかぶる。CはAと一緒にいるのがうれしい様子でニコッと笑う。BはサンタクロースのA帽子をかぶったAとCを見て、両手をうしろに回して「Bちゃんは（サンタ）しない」と言う。
　AとCは、サンタクロースのプレゼントの袋に見立てたビニール袋を持つ。Cが本棚の絵本をビニール袋に入れ始めると、BがCを手伝う。サンタクロースになって動き回るAとCの後を、Bはずっとついて行く。
　その後、保育室の入口と部屋の奥にある本棚の間を、A・B・Cは行ったり来たりしながら、3人は楽しそうに寝そべったり滑り込んだりを何度も繰り返す。
　AやBより動きが遅れがちなCが「Cくんはそんなにスピード出ませんよ」と言うと、Aは「できるよ」と答える。

　2学期も終わりに近づいた事例2−8, 2−9では、Aがさらに自分のしたい遊びを積極的に楽しんでいる。砂場で「お塩も入っててねー、からしも入って」と自分のイメージを伝えるAの姿からは、友達との遊びのなかで言葉が引き出されてくることがわかる。また、以前からAやBと一緒に遊ぶことが多かったCは、この時期さらにAとの関係が深まっていた。担任の先生は「CはとにかくAと一緒のことがしたい」と語っていた。

　事例2−9では、サンタクロースの格好をして遊ぶAやCに対して、Bは「Bちゃんは（サンタ）しない」と宣言しつつ、袋に絵本を入れるCを手伝ったり、A達のあとをついて行ったりしている。これらの姿は、2学期初め（事例2−5, 2−6）で、AがBについて行っていた姿とは対照的であるが、AとBの関係が、互いに自分の思いを出し合い、自分のペースで行動できる関係に変化してきていることを示している。

　この時期、先生は、「AはBと対等に（なった）。Aは自分の気持ちを出すようになった」「Bと一緒のときも『Aはちがうから』などと言うようになった」と語っていた。

　事例2−8, 2−9にみられるように、「Bちゃんは（サンタ）しない」、「C

くんはそんなにスピードでませんよ」と自分のしたくないこと，できないことを臆面もなく言えることは，仲間関係の深まりを表している。これらの姿は，単に相手と一緒にいる関係から，それぞれにしたいこと（したくないこと），できること（できないこと）を伝え合いながら，一緒に遊びを楽しめる関係が育ってきている証しである。

（2） 4歳児の姿

4歳児クラスに進級した3人はクラスが分かれた。AとCは同じクラスで，Bは隣のクラスになり，担任は別々になった。

〈事例 2-10〉

> 「みててー」（4歳児　4月下旬）
> 　園庭の太鼓橋の形をした雲梯で，A，B，Cが遊ぶ。Bは雲梯の途中で進めなくなって「できない，おりるー」と言う。観察者（筆者）が手伝って，Bは雲梯を渡りきる。Bはもう一度挑戦し，今度は一人で渡りきる。Bが「B，できた」と言うと，Aは「Aも」と答える。3人は片づけの時間まで一緒にジャングルジム，のぼり棒，ブランコなどで遊ぶ。

事例2-10のように，4歳児クラスに進級し異なるクラスに分かれたあともA，B，C3人で一緒に遊ぶ姿がよく見られた。3人でブランコやのぼり棒などで遊び，3人一緒にいることで気持ちが安定しているようであった。幼稚園生活も2年目を迎え，3人は広く起伏に富んだ園庭など，園環境に慣れ親しみ，新たな活動（雲梯）にも自分から挑戦していた。

4歳児クラスでAとCの担任となった先生は，この時期の彼らについて，「AとCとBの3人の関係をどう広げていくかが課題」「新しい出会いがあれば3人の関係が広がっていくかもしれない。先日ドンジャンケンを12～13人でやったときには，AとCは参加していた」と語っていた。3歳児クラスでは，仲のよい友達との仲間関係を築き，その関係のなかで自己を発揮することが，子どもの育ちの姿であり保育のねらいでもあった。4歳児クラスでは3歳児クラスでの育ちを土台に，Aたちの関係や活動のさらなる広がりが目指されてい

写真2-2　4歳児クラスの様子

（写真提供：お茶の水女子大学附属幼稚園）

た。同じ子どもの同じ活動（たとえば，園庭の遊具で遊ぶ）であっても，3歳児クラスと4歳児クラスでは，子どもの姿の理解は，担任する学年によって異なってくる。入園から修了まで見通した教育課程の各時期のねらいを踏まえた幼児理解がなされているからである。

〈事　例　2-11〉

「魔女スープね」（4歳児　5月下旬）
　砂場でAと他の男児数名がタライに泥を入れて遊んでいる。砂場の端っこからCが「ダメ？」とAに尋ねると，Aは曖昧な返事をする。AとCの担任の先生が砂場にやってくると，Cは先生と一緒にAたちの遊びに加わる。
　先生は「魔女スープね」と，Aたちのイメージに沿う言葉をかけ，タライに砂を入れる。子どもたちはタライに砂だんごを入れて遊ぶ。誰かが砂だんごを勢いよく入れて，タライの泥がはねて顔にかかっても子どもたちは気にせず遊ぶ。
　しばらくして，遅れて登園したBが，Bのクラス担任の先生に「AくんとCくんは？」と尋ねる。先生が2人が砂場にいることを教えると，Bはニコっと笑って「A〜」と言いながら砂場にやってくる。Bは「Bちゃん，あそんじゃお」と裸足で砂場に入り，「魔女スープ」作りに加わる。

一緒に遊んでいた男児が自分の足に泥をかけると，Bも同じように自分の足にに泥をかける。別の男児がBの足に泥をかけると，「やめてよ」と言いつつもうれしそうな表情をする。

　事例2-11では，Aたちが「魔女スープ」という共通のイメージをもって遊んでいる。AとCの担任の先生によれば「魔女スープ」は3歳児クラスで読んでもらった絵本に由来するとのことだった。事例2-10の時期に3人の関係を広げていくことを，担任の先生が課題として挙げていたことに対応するように，事例2-11では，Aたちは他の男児らとも一緒に遊んでおり，3人の関係は広がってきていた。

　事例の終りでは，Bが他の男児と一緒に泥を自分の足にかけてふざけている。この姿についてBの担任の先生とAとCの担任の先生は，汚れることに抵抗感の強かったBの以前の姿と比較し「(先週から砂場で遊んでおり) Bは少し汚れただけで『きがえる』とは言っていたがそれでも砂場で遊び続けていた」「Bは自分から汚れていた」と語っていた。

　このように遊びを通して「楽しさ」を追求するなかで，泥の感触の気持ちよさや開放感を味わうなど，子どもの経験は広がっていく。この点にこそ，遊びを通して指導する幼児教育の特徴がある。

　また，事例2-11でAたちは，登園直後9時過ぎから片づけの11時ごろまでずっと砂場で遊び続けていた。事例2-10の，園庭の遊具を次々と移動しながら遊ぶ姿に比べると，事例2-11のAたちは「遊び込んで」いた。

　この時期，Bの担任の先生は「今は『ひと山乗り越えた』時期。(進級して) 不安定だったり，(遊びが) とっちらかったりしていたのが，『もっと遊びたい』『もっと (仲間) 関係を深めたい』という感じになってきている」「ほんわかと遊ぶのでは満足しない感じがあり，そういう時期だからこそ，A，B，Cたちも砂場での遊びに出合ったのかもしれない」と語っていた。保育者は，具体的な遊びの姿と，その時期に子どもがさまざまな活動を通して経験している (しようとしている) 事柄と，関連させて子どもの育ちを理解するのである。

　その後，1学期の終わりごろからA，B，Cたちは，少しずつ「3人」以外の仲間関係も広げていった。

2学期の半ばごろ，AとCの担任は「**Aはいろいろなこと（木登り，サッカー，製作など）に挑戦するようになった**」「**Cはマイペースで線路遊びや積み木をしている**」「**少し前に，Aが牛乳パックで虫捕り網を作り，Cも『つくりたい』と言って牛乳パックを切りだしたが，結局虫捕り網ではなく斜面（坂）を作った。この頃から人間関係（誰と遊ぶか）よりも活動（何をして遊ぶか）を重視するようになった**」と語っていた。

〈事 例 2-12〉

「何して遊ぼうかー」（4歳児クラス　11月下旬）
　この日Cはお休みだった。Aは登園するとすぐに線路をつなげ始める。Aは同じクラスの男児と一緒に，立体交差やトンネルなどがある複雑な形の線路を作り上げる。その後，Aは広告紙を円錐状（えんすいじょう）に丸めて作った武器を持ち，別の男児たちと「侵入者発見！」などと言いながら廊下や保育室を移動し，戦いごっこをする。Aは戦うヒーローのセリフを言ったり，ポーズをとったりする。
　同じころ，Bは隣の保育室で，同じクラスの男児達と笑い合いながら，紙にイチゴとブドウの絵を描いている。

　事例2-12に見られるように，3人の関係は，「いつも一緒」の関係から「少し距離のある」関係へと変化した。「誰と遊ぶか」にとらわれすぎることなく，「自分が何をしたいか」に沿って行動できることは，子どもの自我が形づくられ，仲間関係が広がっていく，という2つの意味で重要である。
　また，この事例では幼稚園を休んでいたCも同じ時期，一人で時間をかけて牛乳パックを何段にも重ねた車を作っていた。自分のイメージを自分自身で実現する力が育ってきていた。
　これらの育ちの姿は，「4歳後半の時期になれば」自然に生じるというものではない。入園からの園生活の積み重ねのなかで培われるものである。その過程では，たとえば製作であれば保育者に手伝ってもらう，友だちの作ったものを模倣する，などの経験が段階的に積み重ねられていく。それぞれの段階でその時期なりに遊びを楽しむことが，遊びを通しての子どもの育ちにつながるのである。

4歳児の2学期も終わりごろ，AとCの担任の先生は，「AとCは自分たちの世界で遊んでいる」としながらも「(A，Cは) まわりの動向が見えている」とも語っていた。彼らは人間関係や活動の幅を広げながら，周囲から刺激を受けて園生活を送っていた。

しかし同時に，3学期の先生の話では，「Cが少し長く幼稚園を休むと，Aが不安な様子を見せることもあった」「Cが再び幼稚園にやってくるようになると，Aの不安な様子はなくなり，落ち着いた様子に戻っていった」とも語られており，一緒に遊んでいなくてもAにとってはCが心のよりどころであったようだった。

〈事 例 2-13〉

> 「ぼく，Aが行ったことないところ教えてあげる」（4歳児　3月上旬）
> 　保育室から園庭に出てきたAとCはブランコへ向かう。Cは「ぼく，Aが行ったことないところ教えてあげる」と言う。
> 　園庭で，A，Cと2名の男児が走り回って遊んでいる。Cは他の男児に遅れがちになり，Aたちを追いかける。

4歳児の3学期も終わりに近づいた事例2-13では，Cは，Aたちと一緒に楽しそうに走り回るなかで他の男児に遅れがちになっていた。2人の担任の先生は「4人で走り回っていて『Cくんは遅い』と言われる」「(先生は)『Cくんが準備する前に（みんなが）ヨーイドンするから（Cが遅れてしまう）』と男児たちに言ったが，当のC自身はそのことをまだ気にしていない」と語っていた。

親しい仲間と遊ぶうえでは，個々の子どもが自分らしく自分のペースで活動することが自己発揮として重要である。その一方で，一緒に遊ぶなかで表れる「違い」（経験の差）を認め合い他者に配慮することも，幼児期の人間関係の育ちとして重要である。したがって，担任の先生が「Cくんが準備する前に（他の男児たちが）ヨーイドンするから」と言葉をかけたように，子どもに他者の気持ちに気づき，他者を思いやることを促すかかわりが必要になる。

4歳児の3学期の終わりに、担任の先生はAたちに対して「新しいものにチャレンジしてほしい」とも語っていた。4歳児クラスでの子どもの育ちを踏まえつつ、こうした具体的な願い（ねらい）が次の5歳児クラスでのねらい・内容および指導計画、指導・援助につながっていくことになる。

(3) 5歳児の姿

5歳児クラスでは、AとCのクラス担任は4歳児クラスの先生が持ち上がり、Bのクラス担任は新しい先生となった（クラス編成は4歳児と同じ）。

幼稚園生活も3年目となり、3人はそれぞれの興味に沿って遊びつつ、ドロケイやサッカーにより参加する姿もみられた。

〈事例　2-14〉

> 「うまくなりたい？」（5歳児　7月上旬）
> Aが「サッカーする」と園庭へ出て行こうとすると、Cも「オレも」と言う。他の男児も「ワールドカップ…やるぞー」と言って加わり、「スローイン」などと言って上手にボールを蹴る。そこへBもやってきてサッカーに加わる。
> Cは、自分が思っているのと違う動きをAたちがすると、「おぉーい、〇〇（名前）」と強い口調で言い、ジャングルジムの方へ行ってしまう。
> しばらくして、ジャングルジムにA、B、Cが集まりサッカーのことについて相談している。Cが「（サッカー）やりたくないもん」と言うと、Bは「うまくなりたい？」「じゃあ、やさしくして（教えて）あげる」と言う。3人は桜の木のそばで、サッカーを再開する。

事例2-14のように、5歳児になると子どもたちだけでルールのある運動遊びする姿がよく見られる。これらの遊びを通して、子どもは走る、ボールを蹴る、といった運動能力を高めるだけでなく、ルールを守ること、ルールに沿って自分の感情を調整すること、意見を伝え合うこと、など多様なことを学ぶ。

遊びは「自由に自分のやりたいことをする」活動であるが、同時にそのなかで技能（ボールをまっすぐ蹴るなど）が必要となる際に、「やりたいけど思うようにできない」「できないとは悔しい」などの葛藤も味わう。

事例のなかで、他児に怒り、サッカーをやめたCの姿は、サッカーをやりたいけれど、思うようにできない彼の葛藤の表れともいえる。同時に、そのC

に対して，Bが「うまくなりたい？」などと声をかけて再びサッカーに誘っている姿は，他者の複雑な感情を思いやるという点で，人とのかかわりの育ちの表れといえる。4歳児クラスの3学期（事例2-13）で走り回って遊ぶ際に遅れがちになるCに「Cくんは遅い」と言っていた姿と比べても，自分と他者の違いを受け入れて，一緒に遊ぶ可能性を探ろうとする気持ちが育っている。

　5歳児の1学期が終了後，AとCのクラス担任の先生は，「Aは他の男児らと遊ぶようになり，サッカーの得意な子とサッカーを一緒にして，自信をつけている」と語っていた。Aはルールのある運動遊びを通して自信をつけていたようだった。

〈事　例　2-15〉

「Cくん，前回りできるんだね」（5歳児　9月下旬）
　園庭でAとCは鉄棒をして遊んでいる。2人のクラス担任の先生は「すごいねー」「Cくん，前回りできるんだね」と声をかける。先生は，Cが前回りや足かけまわりをするときに，Cの体を支える。Cは回転後の着地に失敗すると，不本意な様子で鉄棒から離れて園庭の隅っこへ行く。先生は「何？どうしたCくん？」とCのそばに行き声をかける。
　その後，ジャングルジムでAとCが遊んでいるときに，Aが「オレ…鉄棒やろう」と言って鉄棒に移動すると，Cも「オレも」と言って再び鉄棒のところにやってくる。Cは鉄棒に飛びつき，再び前回りに挑戦する。

　事例2-14と同様に，2学期の事例2-15でも，着地に失敗して鉄棒から離れるなど，Cの葛藤する姿がみられる。失敗する自分を受け入れられないCの姿は，自尊心や羞恥心など複雑な感情が育ってきている証でもある。
　子どもがこれらの葛藤を乗り越えるためには，Cを「すごいねー」と褒めたり，「どうしたCくん？」と，その気持ちを察して声をかける担任の先生のようなかかわりが重要となる。また，事例2-14でもみられたように，仲のよい友達の存在によって，再びその活動に挑戦する意欲ももてる。
　事例2-15と同じ日には，ビーチボールをスイカに見立てた「スイカ割り」にAやCを含め大勢の子どもが参加していた。そのときにも，うまくスイカ

が割れずにプイっと目隠しのはちまきを捨てるCの姿が見られた。しかしCはしばらくして気持ちを切り替えて，再び遊びに参加していた。遊びのなかで葛藤を感じながらも，そのつど保育者や友だちに支えられて，子どもはそれを乗り越える力を身につけていくといえる。

〈事例　2-16〉

「あと20個とらなくちゃ」（5歳児　10月下旬）
　園庭でA，B，Cたち3人は女児や4歳児も含む大勢（10人以上）でリレーをする。何度も何度もバトンを受け渡して，ずっと走り続ける。
　同じ日，先生が高枝切りバサミを持って，園庭の柿の木に実った柿を切り落とそうとしていると，AやC，他の女児が集まってくる。Cは「あと20個とらなくちゃ」と言う。柿を採ってから，担任の先生は園庭と保育室の間のテラス（たたき）にテーブルを出す。A，Cを含めた数名の男児が，そのテーブルで担任の先生に手を添えてもらいながら柿を包丁で切る。その後，Aたちが切り分けた柿を，クラスのみんなで食べる。

　幼稚園での最後の運動会を終えた後の事例2-16では，クラスや学年の垣根を越えて，男児も女児も一緒にリレーを楽しんでいた。「運動会」という共通の体験で味わった充実感や達成感があるからこそ，運動会の種目が遊びとして繰り返されるのだろう。サッカーやドロケイ，スイカ割り，リレーなど，大勢で行うルールのある遊びが5歳児クラスで活発になることは，遊びの種類の変化であると同時に，「気の合う仲間」だけでなく「目的や活動を共にする仲間」とも，かかわることができるという人間関係の育ちを反映している。
　Cの担任の先生によれば，「チームの人数の関係で，Cに運動会のリレーを2回走ってもらい，その経験からCは自信をつけた」とのことだった。このように，自分に自信を持つ経験つまり個としての充実が，クラスのみんなで活動する経験につながっていく。先生と一緒に柿を採るときのCの「あと20個とらなくちゃ」という言葉には，クラスの仲間に親しみを感じ，クラスの一員としての自覚をもって行動するという「クラス意識（集団意識）」の深まりが感じられる。

写真2-3　5歳児クラスの様子

（写真提供：お茶の水女子大学附属幼稚園）

　また，この幼稚園では，園庭で採れるタケノコのスープ，飼育しているチャボの卵のサラダなど，普段の保育のなかで自然な形で「食べる」活動が展開されていた。これらの活動ではおもに5歳児が先生と一緒に調理をして，自分達が食べるだけでなく，率先して3歳児，4歳児にふるまっていた。3歳児，4歳児で「年長さんにふるまわれた経験」が，5歳児になったときに，採ったものを調理したり食べたりする活動を子ども同士で伝え合ったり，できた料理を分けあったりする姿となる。

　その後11月には，「こどものくに」という，5歳児がゲームコーナーやお店やさんなどを催し3歳，4歳児を招く活動が行われた。この「こどものくに」の活動は，5歳児の子どもの育ちを生かし，さらにそれを促す「協同的な学び」の活動でもある。
　「協同的な学び」の活動は具体的には各園で行事等のなかに埋め込まれる形で行われることが多い。中央教育審議会（2005）の答申によれば，この活動のなかで子どもたちは共通の目的に向かって，子ども同士で協力工夫しながら作業を進め，その経験を通して自発的，意欲的に学ぶ姿勢や協調性が養われるとしている。

「こどものくに」では，AとCは金魚すくい屋さん，Bは太鼓を使った踊りを担当した。彼らは3歳や4歳の「お客さん」の呼び込みをしたり，お客さんが来るたびに何度も踊りを披露したりするなど，普段の遊びとは異なる役割をいきいきと楽しみながら行っていた。担任の先生によれば，「金魚すくい屋さんは水槽をCの得意な組み木で作ることにして，場所や作り方などCが中心になって進めた。Cはこだわりをゆずらないところもあったが，『みんなの中に自分がいる』ということも感じつつ作業をしていた」とのことだった。

運動会から『こどものくに』にいたるA，B，Cの姿からは，園生活のなかで個々の子どもが自分の興味関心に沿って遊ぶことの積み重ねが，子どもが人間関係の深まりや活動の幅の広がりにつながることを示している。

そして，幼稚園生活も終わりに近づいた3学期には，飼育動物の世話などをする「リーダー」（たとえば「生き物リーダー」など）と呼ばれるチームでの当番活動も始まった。3人のそれぞれのクラス担任は，「リーダー」活動について「最初は運動会のあとで，チームの中の人が自発的に始めた。チームのつながりでイスなどの片づけを自主的にしていた」と語っていた。生活のなかから自然発生的に生じたリーダー活動に，子どもたちが意欲的に取り組む姿が多くみられた。

〈事例 2-17〉

> 「12のところまで，15分」（5歳児　3月3日上旬）
> 　ひな祭りの日，大きなひな壇の飾られた遊戯室で園児が集まり「ひな祭り」の会が開かれる。園児達は歌を歌ったり，ひなあられを食べたりして過ごす。
> 　会が終わり，5歳児は全員使ったお皿やコップの片づけをし，ひな壇の前でクラスごとに記念写真を撮る。記念写真を撮ったあと，先生が「（時計の針の）12のところまで，15分（遊べる）」と子どもたちに声をかけると，Cを含む子どもたちはすぐに園庭に出てドロケイを始める。園庭で男児と女児合わせて10人以上が楽しそうにドロケイをする。

事例2-17は，Aたちの入園から修了までの3年間の最後の観察日のものである。年長児として「ひな祭り」会の片づけをし，寸暇を惜しんで意欲的に遊

ぼうとする姿がみられた。河邉（2005）は自身の保育実践の記録から，卒園間近の5歳児の成長を示す具体的な姿として「クラス全体の心情的なつながりを基盤とした活動への取り組み」「クラスで共通の目当てに向けてグループの友だちとの主体的な取り組み」「1日の生活に自分なりの見通しを持ち，主体的に生活を進める力」の3つを挙げている。事例2-16や2-17での子どもたちの姿は，河邉の指摘したこれら3つの姿に重なる。

また，幼稚園教育と小学校教育をつなぐ時期を「接続期」ととらえ，それを「前期：5歳10月～3月」「中期：1年生入学～ゴールデンウィーク前」「後期：1年生ゴールデンウィーク後～7月」の3つの時期に分けたカリキュラム編成の実践がある（お茶の水女子大学附属幼稚園・小学校，2006）。

5歳児後半にあたる「接続期前期」は「かかわりを広め，深める。小学校生活に向け，体験の共有化を図る」時期として位置づけれ，その時期に保育実践のなかで大切にしたいこととして，①体験の共有化，②かかわりの難しい子どもへの対応を明確にする，③5歳児としての力を十分に発揮できるようにする，④子どもたちのかかわりを広げ，深める，という4点が挙げられている。5歳児クラスでのA，B，C3人の姿とその育ちは，この接続期前期のカリキュラムとも合致するものでもある。

そして，A，B，C3人が巣立った卒園式後，5歳児のクラス担任の先生2人は，「<u>Aは卒園式でトイレに行きたくなるなどハプニングがあったけれど，持ちこたえることができた。強くなった</u>」「<u>Cは3学期にも遊びのなかで他の男児に置いていかれることがあったが先生に言わずに自分で抱えることもできるようになった。嫌なことがあってもあまりひきずらずにいられるようになった</u>」など，それぞれの育ちを振り返っていた。

5　保育の特質と発達とのつながり

以上の事例2-5～2-17を通して，A，B，C3人の幼稚園での3年間の発達をみてきた。事例でみられたA，B，C3人の姿は，環境を通しての教育，

遊びを中心とする保育のあり方と切り離すことはできない。

　幼児の興味・関心に応じた環境のなかで，保育者に支えられながら，子どもは自分の好きな仲間と好きな遊びを展開する。その経験の積み重ねのなかで自己発揮や自己抑制といった「自己の育ち」，思いやりや協力といった「人とのかかわりの育ち」，イメージを実現するなどの「物とのかかわりの育ち」が展開していくのである。さらに，その育ちは事例に沿って紹介した先生たちの語りにみられた，一人ひとりの子どもに対する丁寧な幼児理解を基盤にしている。

　先生たちの語りにあるような，子どもの姿やその育ちの理解のためには，保育の記録が重要である。子どもや保育者の具体的な姿が記録されていることで，何げない行動のなかにも子どもの気持ちを読み取ることができ，それに対する保育者の援助のあり方を振り返ることができる。さらに，記録を積み重ねていくことで，本章で示したように子どもの発達の筋道を理解することができる。

　つまり，環境構成，遊びへの援助，幼児理解という保育者の専門的かかわりに支えられた園生活の充実が，子どもの発達を導くのである。それは以下の先生の言葉に端的に示されている。

　<u>「子どもの生活をつなげていくことが大事だと思っている。つなげていくことで活動により意味が出てくる。その際に環境構成などを瞬時に考えていくことが大事。その積み重ねが大事。」</u>（5歳児7月　1学期終了後の話し合いにて）

　教育課程編成の基盤となる幼児の発達は，保育の方法的・内容的特質とその具体的な実践とを関連づける形で理解されていくことが不可欠であり，それは幼児の生活を充実させていくことにほかならない。

演習問題
　A．本章の「2．幼稚園入園後（3〜5歳）の育ち」の3人の男児（A，B，C）の事例から，幼児期の仲間関係の発達の特徴を挙げてみましょう。
　B．本章の「2．幼稚園入園後（3〜5歳）の育ち」にある，先生の語りから，

保育者による子どもの発達の理解にはどんな特徴（視点，言葉など）があるか考えてみましょう。
C．本章を読む前と読んだ後で，「発達」についてイメージが変化した点とイメージが変わらない点を挙げてみましょう。また，幼稚園教育における発達とはどのようなものであるか，グループで話し合ってみましょう。

3章　幼稚園の教育課程

　本章では幼稚園教育要領が示している「環境を通して行う」教育を充実させていくうえで根幹をなす「幼稚園教育課程」について学ぶ。
　「幼稚園教育課程」の編成は，各園において園長のリーダーシップのもと日々の保育実践を振り返り，幼児の生活する姿を軸に教育の方向性を示すことである。しかし実際には長期の指導計画と混同されていたり，日々の保育の展開に活用されていない実態も多い。「幼稚園教育課程」の編成は，成長，発達のめざましい幼児一人ひとりの主体性を受容しつつ，集団の一員としての自立を支える教育実践において，欠くことが出来ないことなのである。
　そこで，この章では「幼稚園教育課程」の基本について多面的に考える。

1　幼稚園教育の基本と教育課程

1．幼稚園教育の基本

　学校教育法第22条では「**幼稚園は，義務教育及びその後の教育の基礎を培うものとして，幼児を保育し，幼児の健やかな成長のために適当な環境を与えて，その心身の発達を助長することを目的とする**」と示している。
　なぜ「適切」ではなく「適当」な環境なのだろうか。このことについて考えることは，幼児期の教育の基本について考えることである。
　小田（2001）は次のように述べている。

　　　幼児期は一人一人の発達が違い，一つの発達の段階としてまとまった形の発達を示す時期ではなく，一人一人が各々の発達の特徴をもっている。そうした子どもが

集まり，集団を形成しているのが幼稚園の場である。その子ども達のために，教育的には一人一人に適切な環境が用意されなければなりません。しかし，幼稚園は集団生活を通して教育をする場であるため，子ども全体から見ると「適当な環境」となります。言い換えれば柔軟に動ける自由感にあふれる適当な環境があるからこそ，一人一人にとっては適切な環境が存在するということになります。この『適当な環境を与えて』のもつ意味は，幼児期の発達の特性である一人一人の可塑性を受容し，好奇心にあふれた一人一人の心情や意欲・態度を生かすという不定型な要素を含んだ教育のあり方こそが幼稚園教育にふさわしいのだという強い意志が秘められているのではないでしょうか。

　幼児期の教育においては，幼児が主体的に生き，興味や関心をもった遊びを中心とするさまざまな活動を通して存分に試行錯誤し，周りの友だちとその過程や達成感を分かち合う経験を大切にしている。

　自ら取り組むさまざまな遊びを通して探求し，達成感や充実感を体験することが，小学校以降の教育において，主体的に学ぼうとする意欲や姿勢につながるのである。一方，幼児たちは日々の生活を通して集団の一員としての厳しさも体験する。友達や「もの」とのかかわりにおいて，自分の思いどおりにならない葛藤(かっとう)を数多く体験し，それらを乗り越え，自己を調整する力や他を思いやることのできる人間として「よりよく生きる力」を身につけていく。

　一人ひとりの幼児にとってかけがえのない幼児期，その後の人生に大きな影響を及ぼすであろう人格形成の基礎を培うために，幼稚園という集団生活において日々を重ね，さまざまな体験を通し「心情・意欲・態度」を育む機会を保障することが大切なのである。

　ベッテルハイム（Bettelheim, B.）は「昔も今も，子どもを育てる上で一番大切で，また，一番難しい問題は，子どもが生きることに意味を見出すように，手助けしてやることである」と述べている。

　この言葉を引用し，津守房江は「『生きることに意味を見出す』ことは，すなわち『生きるに値する人生を，日々創造できるようにする』ということであり，生き生きとした生活というのは，興味を引きそうなことが，ぎっしりつまった生活をいうのではない。子どもの生命のリズムに合った，ゆったりした生活の中に子どもが本当に楽しく遊ぶときが光っているような生活をいうのだ

と思う」と述べている。

　教師は幼児一人ひとりの特性と可塑性(かそせい)を受け入れ「遊びを中心としたさまざまな体験を通して周りの人と共に楽しんで生きる力」を身につけていくことができるよう，幼児を理解し，適切な援助をする。

2．幼児の主体性と教育課程

　幼稚園教育要領に述べられているとおり，幼稚園教育における重要な観点は次の3点である。
　①　幼児期にふさわしい生活が展開されること
　②　遊びを通しての指導を中心として，ねらいが総合的に達成されるようにすること
　③　幼児一人一人の特性に応じ，発達の課題に即した指導を行うこと

　幼児期の発達の特質を踏まえ「遊び」を中心とした幼児自身の主体的な活動を尊重することが大切である。いうまでもないことだが，決して子どもたちのやりたい放題にさせるのではなく，教師は「遊び」の経過を見守り，幼児一人ひとりに対する細やかな配慮，指導の視点をもってかかわっている。

　幼児が始めた「遊び」が，その幼児の成長・発達にとって意味ある体験となるように，実践後は反省・評価の観点をもとに環境を再構成し，再びかかわるのである。

　しかしながら，この専門的な配慮や援助は例えると氷山の海面下の部分にあたり，外からは見えない。幼児はただ遊んでいるだけのように見え，教師の個々の幼児に対する思いや配慮，教育課程を意識した援助は外から見ているだけではわからない。幼児期の教育は見えにくい教育であるといわれる所以(ゆえん)である。

　教師の意図や願いは環境の構成に託すものであり，教師の計画は直接的指示的なものではない。教師の意図を環境に反映させ，幼児の主体的な活動を促すようにかかわる幼児期の教育の本質は，幼児の主体性と教師の意図性のバランスによるところが大きい。

　とはいえ，決して教師の計画のなかへ子どもをはめ込んでいくのではない。

教師の意図性とは，日々幼児とかかわりあうことによって互いに育まれる信頼関係を基盤とし，幼児に寄り添いながら，一人ひとりの発達の過程を受容し，幼児とともに楽しみつつ日々の生活を創造し，修了までに育つことが期待される「心情，意欲，態度」を育んでいくことである。

　教師の意図性の根幹であり，具体的な指導計画の骨格となるものが教育課程である。幼児一人ひとりの発達を支え，指導する際に状況に流されたり，行く先を見失わないように，羅針盤のような役割を果たす「見通し」，それが教育課程である。

3．「教育課程」をどのようにとらえるか

　「教育課程」については，幼稚園関係者の一部にも年間指導計画と混同している実態がある。指導計画は具体的だが，教育課程は「難しい」と敬遠されがちで，その意義や本質とするところが理解されていない現状もみられる。なぜ教育課程をめぐる混沌とした状況が改善されないのだろうか。指導計画立案の視点と教育課程編成の視点の違いについて考えてみよう。

　たとえばインターネットの地図で目的地を探すとき，倍率によって見えるものが異なる。倍率が低い場合（500倍）には目的地とその周辺が詳細に示される。倍率を上げると（2000倍）その地点の周りの広い地域全体をあたかも上空から鳥の目で見るように俯瞰で見ることができる。

　つまり倍率の低い視点は，比較的近い未来を予測する視点，年間指導計画から月案，週案，日案を立案する視点である。倍率を上げ入園当初から修了までの2～3年の長期間にわたる教育活動全体，さらに小学校教育との接続期までを俯瞰的にとらえる視点は，「教育課程編成の視点」だといえる。

　教育課程を織物に例えて考えることもできる。教育課程は縦糸，指導計画は横糸である。縦糸の教育課程が「地」の色になるが毎年同じ織物が織り上がるわけではない。その年度ごとに集団を構成する幼児たちが替わり，集団の特色が異なる。教師が日々の保育活動を省察しつつ立案する指導計画も同じものにはなり得ない。

　幼児が家庭や地域から持ち込むものや，思いがけない出来事などにより日々

の保育内容はドラマティックに変容する。毎年行われる行事でさえも，幼児の主体性を活かし，共に創造していくならば，つねに新しい内容となる。

　教育課程は編成したら額に入れて飾っておくようなものではなく，幼児と向き合い保育をする教師にとって身近で，日々の保育後の省察の際に日常的に役に立つものでなければならない。日々の保育を振り返り省察し，反省・評価する際に立ち戻って考えることができる教育課程でなくては編成する意味がない，ということである。

　幼児たちの生き生きとした，心身の健やかな成長，発達を育む園生活を保障するために教育課程を編成するのである。そのうえで「今，ここ」での幼児を理解し，温かく見守るまなざしと，その後の幼児の発達課題を見通す冷静な評価の視点，教師としての自分自身のかかわりを振り返り環境を再構成する視点が必要である。

　また教育課程を編成することは，その幼稚園の教育目標のもと，幼児の発達をどのようにとらえ，どのように育ってほしいと願っているのか，という保育理念を保護者や地域の関係者に公表することである。

　磯部（2003）は「教育課程をどのように構想するか」ということについて，次のように述べている。

> （前略）フレーベルがKindergartenを設立したとき，そこで実践される保育内容が単に知識の詰め込みではなく，遊戯を中心とした子どもの自発的な活動でなければならなかったのは，彼の目指す全人的な教育を実現するために，子どもの本能的かつ衝動的な態度および内発的な活動があると考えたからにほかならない。つまり，実践者が構想した教育課程とは，その実践者の教育観の集大成であるはずであり，それは教育の営為そのものということになる。したがって，教育や保育という営みをどのように考え，対象である子どもという存在をどのようにとらえ，またその発達をどのように描くのかといったわれわれの保育観，子ども観，発達観が直接的に反映されたものこそ教育課程なのである。

4．幼稚園の教育課程と小学校の教育課程

　幼稚園教育と小学校教育においては，教育の内容，方法，形態，時間の設定などにおいて大きな違いがある。そのことを反映し，教育課程を構成する基本

的な考え方が異なっている。

　小学校の教育課程は教科ごとに比較的短期間の教育課程が示されている。小学校の教科等の教育においては，学習指導要領において学習するべき目標が「○○ができるようにする」というように具体的に明示されており，指導のねらいもわかりやすい。教師は「ねらいから内容，内容から活動，活動から教材というように，直線的に具体化することにより，指導計画が作成され指導が行われる（神長2009）」。

　一方幼稚園の教育には教科書がなく，教育の目標は表面的にはとらえにくい「心情・意欲・態度」を育むことである。「健康」「人間関係」「環境」「言葉」「表現」の5領域のねらいの表し方は「充実感を味わう」「取り入れようとする」「心を通わせる」「楽しむ」など，心情・意欲の方向性を表すものとなっている。小学校教育の「出来るようになる」と表されるねらい，あるいは正解に導いていく学びの過程とは異なり，幼児が自発的に周りの環境に働きかけ試行錯誤する過程を重視し，多様な場面におけるさまざまな体験を通して学びの芽生えを育むために環境を通して総合的に行われる教育である。

　自発的に始めた遊びがいろいろな体験を伴い広がり，また深まり発展していく。教師の援助によりその過程で友達とのかかわりやものとの関係がさまざまにつながり合い，より豊かに変容していく。同時に人間関係やものとのかかわりにおいてさまざまな葛藤も体験することになる。

　この過程が多様な気づきを生み出し，後の小学校における学びへの意欲につながっていくのである。『幼稚園教育要領解説』（2008年）には次のように述べられている。

　　　幼児が遊びを通じて，学ぶことの楽しさを知り，積極的に物事にかかわろうとする気持ちをもつようになる過程こそ，小学校以降の学習意欲へとつながり，さらには社会へ出てからも物事に主体的に取り組み，自ら考え，さまざまな問題に積極的に対応し，解決していくようになっていく。

　これらのことから幼稚園の教育課程は入園から修了まで幼児が自立に向かう長期間の発達過程を見通し，幼稚園教育要領に示されているねらいや内容をふまえ，大綱的に構造化されている。

5．幼児期の教育と小学校教育の円滑な接続と教育課程の編成

　小学校へ入学する幼児の精神的な負担，すなわち環境の変化による不安や戸惑いを最小限にし，幼児期のさまざまな遊びの体験を通して培われた学びの芽が引き継がれ，小学校生活を始めることができるようにすることが重要である。このことを踏まえ，現行の小学校学習指導要領，幼稚園教育要領，保育所保育指針において相互の連携の必要性について明記されている。幼児期の教育と小学校教育を担うそれぞれの教職員が幼児期の生活と小学校の生活を接続させることの重要性を認識し，具体的に交流，実践することが必要であるとされたのである。

　しかし幼小接続の必要性に関する認識と幼小接続の実際には隔たりがあるのが現状である。文部科学省が実施した調査結果からは，幼児と児童の交流活動や幼小の教職員の意見交換等の取組はある程度実施されている。その一方幼小接続のための取組は十分実施されているとはいえない状況があった。その理由としては「接続関係を具体的にすることが難しい（52%）」「幼小の教育の違いについて十分理解・意識していない（34%）」「接続した教育課程の編成に積極的ではない（23%）」が挙げられる。

　これらの実態を背景に精力的に検討を行ってきた「幼児期の教育と小学校教育の円滑な接続の在り方に関する調査研究協力者会議」の報告書が公表された（平成22年11月11日）。

　この報告書において，幼児期の教育（幼稚園，保育所，認定子ども園における教育）と児童期の教育（小学校における教育）について次のように述べられている。

　　　幼児期と児童期における教育課程の構成原理やそれに伴う指導方法等には発達の段階の違いに起因する違いが存在するものの，こうした違いの理解・実践は，あくまで両者の教育の目的・目標が連続性・一貫性をもって構成されているとの前提に立って行われなければならない

　そのうえで，幼児期から児童期にかけての教育課程編成について「それぞれの教育内容の深さや広がりを十分理解すること」，そして「幼児期の教育にお

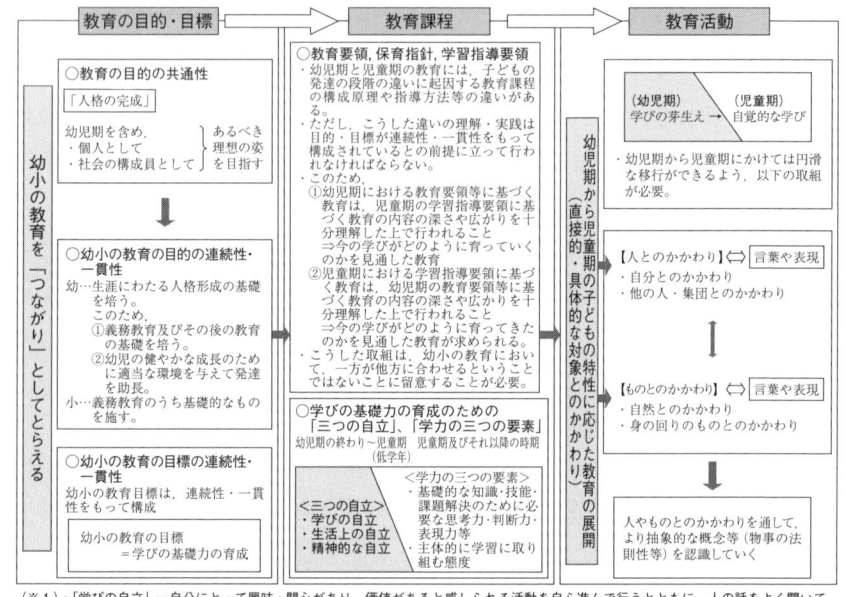

図・表 3-1　幼児期から児童期にかけての教育の構造等

教育の目的・目標	教育課程	教育活動

幼小の教育を「つながり」としてとらえる

○教育の目的の共通性
「人格の完成」
　幼児期を含め、
　・個人として
　・社会の構成員として
　　あるべき理想の姿を目指す

↓

○幼小の教育の目的の連続性・一貫性
　幼…生涯にわたる人格形成の基礎を培う。
　このため、
　①義務教育及びその後の教育の基礎を培う。
　②幼児の健やかな成長のために適当な環境を与えて発達を助長。
　小…義務教育のうち基礎的なものを施す。

○幼小の教育の目標の連続性・一貫性
　幼小の教育目標は、連続性・一貫性をもって構成
　　幼小の教育の目標
　　＝学びの基礎力の育成

○教育要領、保育指針、学習指導要領
・幼児期と児童期の教育には、子どもの発達の段階の違いに起因する教育課程の構成原理や指導方法等の違いがある。
　ただし、こうした違いの理解・実践は目的・目標が連続性・一貫性をもって構成されているとの前提に立って行われなければならない。
・このため、
①幼児期における教育要領等に基づく教育は、児童期の学習指導要領に基づく教育の内容の深さや広がりを十分理解した上で行われること
⇒今の学びがどのように育っていくのかを見通した教育
②児童期における学習指導要領に基づく教育は、幼児期の教育要領等に基づく教育の内容の深さや広がりを十分理解した上で行われること
⇒今の学びがどのように育ってきたのかを見通した教育が求められる。
・こうした取組は、幼小の教育において、一方が他方に合わせるということではないことに留意することが必要である。

○学びの基礎力の育成のための「三つの自立」、「学力の三つの要素」
　幼児期の終わり～児童期　児童期及びそれ以降の時期
　　　　　　　　　(低学年)

＜三つの自立＞
・学びの自立
・生活上の自立
・精神的な自立

＜学力の三つの要素＞
・基礎的な知識・技能
・課題解決のために必要な思考力・判断力・表現力等
・主体的に学習に取り組む態度

幼児期から児童期の子どもの特性に応じた教育の展開（直接的・具体的な対象とのかかわり）

(幼児期)　　(児童期)
学びの芽生え → 自覚的な学び

・幼児期から児童期にかけては円滑な移行ができるよう、以下の取組が必要。

【人とのかかわり】⇔ 言葉や表現
・自分とのかかわり
・他の人・集団とのかかわり

↕

【ものとのかかわり】⇔ 言葉や表現
・自然とのかかわり
・身の回りのものとのかかわり

↓

人やものとのかかわりを通して、より抽象的な概念等（物事の法則性等）を認識していく

（※1）・「学びの自立」…自分にとって興味・関心があり、価値があると感じられる活動を自ら進んで行うとともに、人の話をよく聞いて、それを参考にして自分の考えを深め、自分の思いや考えなどを適切な方法で表現すること。
　　　・「生活上の自立」…生活上必要な習慣や技能を身に付けて、身近な人々、社会及び自然とかかわり、自らよりよい生活を創り出していくこと。
　　　・「精神的な自立」…自分のよさや可能性に気付き、意欲や自信をもつことによって、現在及び将来における自分自身の在り方や夢や希望をもち、前向きに生活していくこと。
（※2）「教育の目的・目標」→「教育課程」→「教育活動」という流れに加え、実際には「教育活動」から「教育課程」を見直すといった流れもある。

(出典：文部科学省初等中等教育局幼児教育課「幼児期の教育と小学校教育との円滑な接続の在り方について（報告）」文部科学省教育課程課・幼児教育課『初等教育資料』No.869　東洋館出版社，2011年，p.68)

いては今の学びがどのように育っていくのかを見通すこと，児童期の教育においては今の学習がどのように育ってきたのか」を見通して教育課程を編成し，実施することを求めている。しかし次の点については釘を刺している。

> また，その際，幼児期の教育と児童期の教育は，それぞれ発達の段階を踏まえて教育を充実させることが重要であり，一方が他方に合わせるものでないことに留意することが必要である。

このことは，過去の歴史として幼稚園教育が小学校教育に合わせることを重視した時期があったことを想起させる。

報告書では「幼小接続を体系的に理解するためには，幼小の教育を『教育の目的・目標』→『教育課程』→『教育活動』で展開する『三段構造』でとらえ

ることが必要である」として図・表3-1を示している。

2 教育課程編成の基本

1.「教育課程」編成の基本と原則

　幼稚園教育における「教育課程」の編成について、「幼稚園教育要領」では幼稚園教育の基本的な考えと、具体的な留意点を3点あげている。

> **幼稚園教育要領　第1章　総説　第2節　教育課程の編成**
> 1　幼稚園生活の全体を通して第2章に示すねらいが総合的に達成されるよう、教育課程に係る教育期間や幼児の生活経験や発達の過程などを考慮して具体的なねらいと内容を組織しなければならないこと。この場合においては、特に、自我が芽生え、他者の存在を意識し、自己を抑制しようとする気持ちが生まれる幼児期の発達の特性を踏まえ、入園から修了に至るまでの長期的な視野をもって充実した生活が展開できるように配慮しなければならないこと。
> 2　幼稚園の毎学年の教育課程に係る教育週数は、特別の事情がある場合を除き39週を下ってはならないこと。
> 3　幼稚園の1日の教育課程に係る教育時間は、4時間を標準とすること。ただし幼児の心身の発達の程度や季節などに適切に配慮すること。

　教育課程は各幼稚園の長たる園長が幼稚園全体の責任者として指導性を発揮し、全教職員の協力のもと「各園の教育目標」、法令に示されている「幼稚園教育の目標」（学校教育法第23条）や「教育週数」（学校教育法施行規則第37条）などを踏まえ、幼稚園教育要領に示されている「ねらいや内容」「地域の実態」等々を配慮した上で、編成するものである。教育課程課編成の基本をまとめ、図に表したのが図・表3-2である。
　教育課程を編成するにあたっては、『幼稚園教育要領解説』第1章（第2節）に示されているとおり、次の4つの原則を踏まえなければならない。
　① **幼児の心身の発達の見通しをもつ**
　　　可塑性に富み、一人ひとりの経験の差が大きい幼児の発達について、入園から修了までの長い期間を見通す視点が不可欠である。

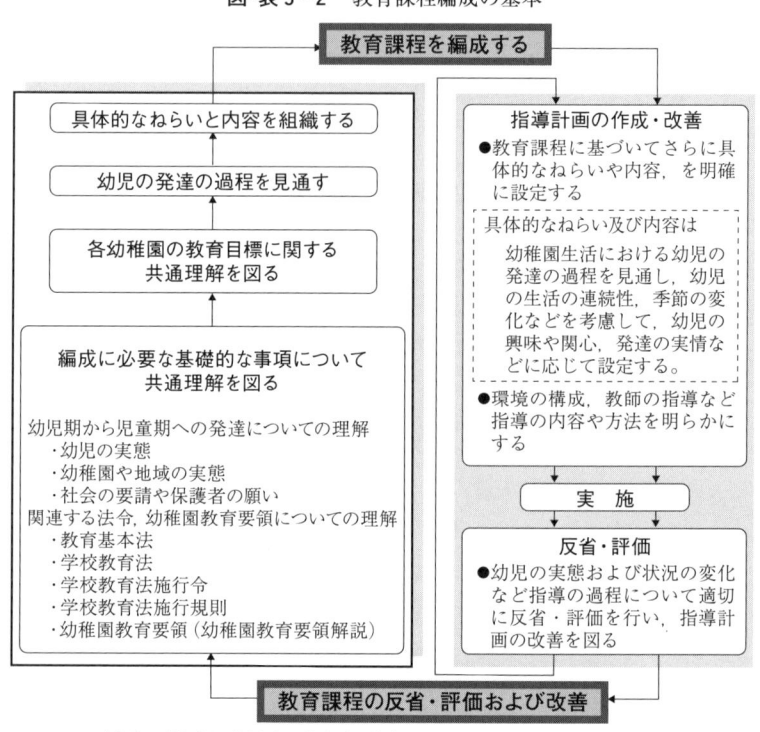

図・表3-2　教育課程編成の基本

```
                    ┌─────────────────────┐
                    │  教育課程を編成する  │
                    └─────────────────────┘
                              ↑
┌─────────────────────────────┐  ┌─────────────────────────────┐
│  具体的なねらいと内容を組織する │  │  指導計画の作成・改善        │
└─────────────────────────────┘  │  ●教育課程に基づいてさらに具  │
            ↑                    │    体的なねらいや内容，を明確  │
┌─────────────────────────────┐  │    に設定する                │
│  幼児の発達の過程を見通す     │  │ ┌─────────────────────────┐ │
└─────────────────────────────┘  │ │具体的なねらい及び内容は  │ │
            ↑                    │ │  幼稚園生活における幼児の│ │
┌─────────────────────────────┐  │ │  発達の過程を見通し，幼児│ │
│  各幼稚園の教育目標に関する    │  │ │  の生活の連続性，季節の変│ │
│      共通理解を図る           │  │ │  化などを考慮して，幼児の│ │
└─────────────────────────────┘  │ │  興味や関心，発達の実情な│ │
            ↑                    │ │  どに応じて設定する。    │ │
┌─────────────────────────────┐  │ └─────────────────────────┘ │
│ 編成に必要な基礎的な事項について│ │ ●環境の構成，教師の指導など  │
│      共通理解を図る           │  │  指導の内容や方法を明らかに  │
│                             │  │  する                      │
│ 幼児期から児童期への発達についての理解│└─────────────────────────────┘
│ ・幼児の実態                  │              ↓
│ ・幼稚園や地域の実態          │       ┌───────────┐
│ ・社会の要請や保護者の願い    │       │   実　施   │
│ 関連する法令，幼稚園教育要領についての理解│ └───────────┘
│ ・教育基本法                  │              ↓
│ ・学校教育法                  │       ┌───────────┐
│ ・学校教育法施行令            │       │  反省・評価  │
│ ・学校教育法施行規則          │       └───────────┘
│ ・幼稚園教育要領（幼稚園教育要領解説）│●幼児の実態および状況の変化│
└─────────────────────────────┘  │  など指導の過程について適切  │
                                 │  に反省・評価を行い，指導計  │
                                 │  画の改善を図る              │
                                 └─────────────────────────────┘
                              ↓
                    ┌─────────────────────────────┐
                    │ 教育課程の反省・評価および改善 │
                    └─────────────────────────────┘
```

（出典：「教育課程編成の指針」　神奈川県教育委員会　2000年，p.9を筆者改変）

② **幼稚園の実態をとらえる**

　幼稚園の実態に即して諸条件を踏まえなければならない。たとえば各園によって異なる幼稚園の規模，人的・物的環境（教職員の構成や人数，自然環境，遊具や用具の整備状況など）について分析することが必要である。

③ **地域の実態をとらえる**

　幼稚園教育は地域と密接なかかわりをもたなければ，その教育を充実させることはできない。地域はそれぞれに自然や文化など，地域限定の特色をもっている。また，近隣の幼稚園や保育所，小・中・高等学校，図書館，高齢者施設など，幼児の活動を充実させるための地域の環境資源の実態をよく把握し，教育課程を編成することが必要である。

また，教育方針や教育活動の実態などの基本的な情報を積極的に提供し，保護者や地域住民の理解や支援を得ることが大切である。地域に受け入れられ，愛される幼稚園づくりが望まれる。

④　創意工夫をする

各幼稚園において①から③までの実態や特色を活かし，創意工夫し特色あるもの，保育実践に活かすことのできるもの，とすることが大切である。

2．教育課程編成と発達観

乳幼児の発達について考えるとき，子どもの側から能動的な発達を表現している言葉として，まず思い浮かぶのは次の詩である。

　一つのときは　なにもかも　はじめてだった
　二つのときは　ぼくは　まるっきり　しんまいだった
　三つのとき　ぼくは　やっと　ぼくになった
　四つのとき　ぼくは　おおきく　なりたかった
　五つのときには　なにから　なにまで　おもしろかった
　今は六つで　ぼくは　ありったけ　おりこうです
　だから　いつまでも　六つでいたいと　ぼくは　思います

（A. A. ミルン「六つになった」より）

2章で述べられているように「発達をどのようにとらえるか」ということと教育課程を編成することは，切り離して考えることはできない。

「発達」について『幼稚教育要領解説』では次のように述べている。

> **幼稚園教育要領　序章　第2節　幼児期の特性と幼稚園教育の役割**
> 人は生まれながらにして，自然に成長していく力と同時に，周囲の環境に対して自分から能動的に働き掛けようとする力をもっている。自然な心身の成長に伴い，人がこのように能動性を発揮して環境とかかわり合う中で，生活に必要な能力や態度などを獲得していく過程を発達と考えることができよう。

教育課程の編成においては，人は生まれながらに周囲の環境に対して能動的に働きかけようとする存在であるとする「能動的な発達観」に立ち，幼児の日々生活する姿を記録し，園全体で省察を繰り返しつつ，目の前の幼児の発達をとらえることが重要である。

幼児の発達をどのようにとらえるかは，保育の質にかかわる重要な観点であ

る。すなわち一定の発達のスケールに合わせ，どの幼児もほぼ同時期に「直線的に右肩上がりに発達していく」または「発達させていくことが可能だ」と考えるか，あるいは幼児の発達は「経験の差が大きく，発達する姿は一人ひとり異なる」と受け止めるかは，教育課程を編成する際の理念の重要な分岐点となる。

無藤（2007）は幼児の発達を「川」に例え，次のように述べている。

（前略）発達とは，家庭・地域・園がつながるなかで，子どもが経験し，その経験が相互に重なりながら，次の時期へと発展していく大きな「川」のようなものだとイメージするとよいだろう。たくさんの支流があり，また分岐し，合流しつつ，しだいに川は大河となって流れていく。その川の流れやまわりの景色の様子を記述していくと，発達が見えてくるがそれは必ず細部まで固定したものではない。大まかな川筋の線だけが決まっていて，後は，実際の子どもを囲む環境や人々や文化のあり方でその詳細が成り立っていくのである。

3 教育課程の編成の実際

1．教育課程編成のプロセス

幼児の入園当初の不安定な状態から，自立して幼稚園を修了するまでの長期間を見通し，教育課程を編成する過程について紹介したい。

ある幼稚園では，教育課程を編成するにあたってまず日々活動し，成長していく幼児の記録を整理し，発達をとらえる視点として「ステージの概念」をつくりあげた。

「ステージ」とは，幼児の発達を生活年齢で区切り「何歳までに〇〇ができるようになる」といった到達点を設定する考え方とは対極にある考え方であり，幼児一人ひとりの「今・ここでのあるがままの姿」を現在進行形でとらえ，育ちを支えていくための指標とする考え方である。

ステージは大きく3つのステージ「出会い・安定」「葛藤・探究」「協力・創造」ととらえられている。ステージは順序を追って時系列的に深化していくと

図・表 3-3　ステージの概念

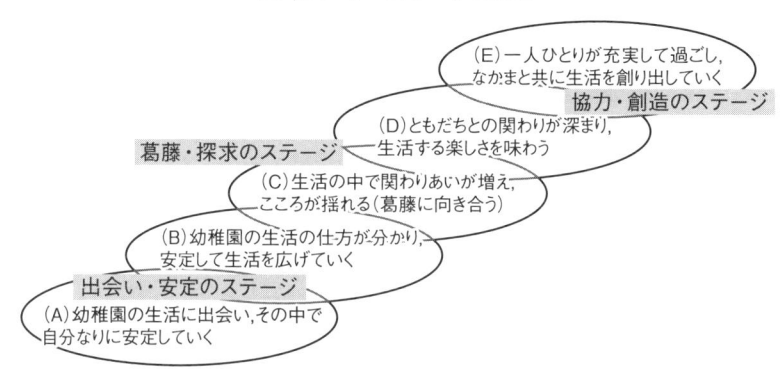

- **協力・創造のステージ**
  - (E) 一人ひとりが充実して過ごし，なかまと共に生活を創り出していく
  - (D) ともだちとの関わりが深まり，生活する楽しさを味わう
- **葛藤・探求のステージ**
  - (C) 生活の中で関わりあいが増え，こころが揺れる（葛藤に向き合う）
  - (B) 幼稚園の生活の仕方が分かり，安定して生活を広げていく
- **出会い・安定のステージ**
  - (A) 幼稚園の生活に出会い，その中で自分なりに安定していく

（出典：お茶の水女子大学附属幼稚園・附属小学校　『幼稚園及び小学校における教育の連携を深める教育課程の研究開発　2003年度（第3年次）報告書』2004年，p.16）

考えるのではなく，一人ひとりの幼児が「ひと」や「もの」とかかわり，いろいろな体験を通して「行きつ戻りつ」しながら成長していく実態を，受け止めようとする視点である。

このような発達観を生み出すに至るまでには，多くの事例を整理しながら幼児の発達する姿を重ね合わせ，最も適切な文言を精選し表していく大変な作業を要する。園全体の全教員が協力し，さまざまなエピソードを持ち寄り検討し，幼児の発達する姿を表現する文言を練り込んでいく過程は教育課程の編成に欠かすことができない。

つまり「教育課程を編成する」ということは，機械的に「いつごろ・どのようなねらいや内容を配置するか」ということではすまされない。日々の記録をもとに実践を振り返り，実践の積み重ねから得られた「実践知」の総意をまとめ，各幼稚園の教育の全体の構想を表すものである。

教育課程の編成はまず幼児の心身の発達をとらえることから始まる。教育課程は決して到達度を表したものではなく，幼児の発達を一定の枠にはめこんでいこうとするものでもない。小田（2001）は次のように述べている。

　　保育の展開や保育構造の選択には，子どもの生活に長期と短期の見通しをもって，常に子どもの心の流れにそったうえでの教育課程であり指導計画であってほしいものである。そのために銘記しておきたいことは，同年齢の子どもを一定の到達度に

向けて，同一の展開方法で指導しようとすることと，保育内容の構造化には経験や活動の順序性を一律に示すことをしない，の二点ではないだろうか。

2．教育課程編成の実際

各幼稚園では，それぞれの園の環境，教育目標や幼児の実態に即し，独自の教育課程を編成している。

大切なことは，実際に日々の保育に携わる教師達が自らの教育課程としてイメージしやすく，活用しやすいように表し方を工夫することである。

ここでは2園の教育課程を紹介する。

（1）「自己の発達」という視点から編成されている教育課程

ここに一人の幼児（リョウガ）の入園当初から幼稚園修了までの3年間の園生活，成長過程を記録した貴重なビデオ教材がある。

3歳児では母子分離，新しい環境に馴れることへの不安を抱えながら，よりどころを求めつつ日々園生活を積み重ね，しだいに自己を発揮し始める姿が映し出されている。4歳児では自らの発達の壁と正面から向き合い，いろいろな葛藤を乗り越えていく姿，5歳児では仲間とともにかかわり合い，自信をもって充実した園生活を送る姿が映し出されている。

リョウガが3年間を過ごした幼稚園の教育課程では，3歳児の発達する姿の見通しとして「**安定する・自己主張する**」が挙げられている。集団の中で安定していられるようになったら自分を十分に発揮することができるように，という願いである。

4歳児の発達する姿の見通しとして「**つながる・自他の違いを知る**」が挙げられている。4歳児は周りの友達とつながり遊びを進めようとするが，その過程で自分とは異なる友達の存在に気づき，さまざまな葛藤を体験する。その葛藤体験を通して自分を主張し，同時に友達も受け入れていく過程を大切にしている。

5歳児の発達する姿の見通しとして「**支え合う・自己調整する**」が挙げられている。幼児が仲間と協同する活動には多くのトラブルも伴うが決してくじけず一人ひとりの幼児が自己を調整し，互いに支え合う姿が読み取れる。自己の

図・表 3-4　教育課程のねらい

期	ねらい
3歳児「安定する・自己主張する」	
① （入園〜）	・教師や安心できる友達，物や場所に親しみ，安定して過ごす。 ・楽しいことや好きなことを見つけて過ごす。 ・幼稚園の生活に慣れる。
② （6月下旬〜）	・好きな遊びを選んで繰り返す。 ・友達や教師の動きを取り入れて，やってみようとする。 ・毎日繰り返す生活に必要なことを自分でする。
③ （12月上旬〜）	・自分の関心のある物や場所に繰り返しかかわり，遊びを続ける。 ・友達と一緒に遊ぶ楽しさを知る。 ・自分で出来ることに喜びを感じて生活する。
4歳児「つながる・自他の違いを知る」	
④ （4月〜）	・慣れ親しんだ友達や遊びを拠り所にして，新しい場所や遊具などに関心を向けて遊ぶ。 ・教師や安心できる友達など，拠り所を得て，自分の好きな遊びを見つける。 ・生活の仕方がわかって，自分でしようとする。
⑤ （5月中旬〜）	・興味や関心をもとに真似をしたり，自分のしたい遊びを楽しむ。 ・親しみを感じる友達と同じものを持ったり，一緒に過ごしたりすることを楽しむ。 ・生活の流れに気づき，自分から行動しようとする。
⑥ （9月下旬〜）	・興味や関心をもったことを取り入れながら，自分のしたい遊びを楽しむ。 ・自分から友達と一緒に遊ぶ楽しさを味わう。 ・園生活に必要なことに気づき，自分から取り組もうとする。
⑦ （1月中旬〜）	・周りのやり方を取り入れたり，新しいやり方を試みたりして遊ぼうとする。 ・仲のよい友達と考えを出し合いながら遊ぼうとする。 ・今までの経験をもとに身の回りのことに自分から取り組もうとする。
5歳児「支え合う・自己調整する」	
⑧ （4月〜）	・新しい場所で興味をもったことやものに，自分から環境に働きかけたり，したい遊びを続けたりする。 ・友達とやりとりしたり，気持ちを伝えたりしながら遊びを続けようとする。 ・年長児になった喜びや自信をもち，自分たちで生活を進めようとする。
⑨ （6月上旬〜）	・自分のめあてをもって，取り組みを続ける。 ・友達と考えを互いに出したり，受けたりしながら，遊びを進めていく。 ・生活に見通しをもち，必要なことに気づいて，自分たちで進めていこうとする。
⑩ （10月〜）	・自分たちのめあての実現に向けて粘り強く取り組む。 ・友達とめあてを共有しながら，遊びを進めようとする。 ・見通しをもちながら，自信をもって生活を進める。

（出典：東京学芸大学附属幼稚園『今日から明日へつながる保育』萌文書林，2009年，p.120）

発達の過程を大切に見守る教育課程である。

(2)「ブロックの構造図」に表される教育課程

この教育課程では，3年間をⅫ期に分けて編成している。

いうまでもないことだが，幼児の発達はⅠ期からⅫ期まで順に進んでいくものではない。幼児はあたかもピーターパンのようにブロックの間を自由にくぐり抜け「行きつ戻りつ」しながら成長していく。

教育課程を平面ではなくブロックのイメージを用いて立体的に表す工夫をした結果，経験の浅い教師たちも幼児期の発達の特質を視覚的に理解することができるようになった。そして一人ひとり異なる個別の幼児の発達課題をとらえ，適切な援助を行うことができるようになった，とのことである。

図･表3－5　期のブロック

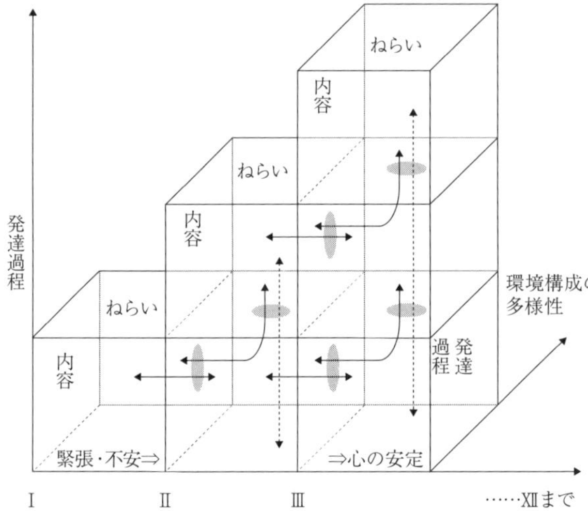

ブロックの構造

本図の考えるブロックは，「発達過程」「ねらい」「内容」をもったものです。

ブロックの底辺は，時間，順序の軸にあります。子どもの心を考えると「緊張･不安」の出発点から，「安定」へ向かう軸です。

ブロックの高さは発達過程を示し，教育目標へ向かう軸にあります。ブロックの奥行きは「環境構成の多様性」によって変化し，薄くも厚くもなります。

三つの軸によって決定されたブロックの体積に含まれるモノが「内容」です。ブロックの上面にブロックのねらいを想定します。

(出典：こゆるぎ幼稚園／小田原市　「こゆるぎ幼稚園教育課程」2009年)

図・表 3-6　学年別教育課程

3歳児　教育課程（ブロックⅠ〜ブロックⅣ）												
月	4	5	6	7	8	9	10	11	12	1	2	3
ブロック	Ⅰ	Ⅱ					Ⅲ			Ⅳ		
タイトル	園生活を知る	友だちとの触れ合い					みんなで楽しむ			のびのびと遊ぶ		

4歳児　教育課程（ブロックⅠ〜ブロックⅦ）												
月	4	5	6	7	8	9	10	11	12	1	2	3
ブロック	Ⅰ	Ⅴ					Ⅵ			Ⅶ		
タイトル	園生活を知る ※1	安定する					欲求が高まる			受け止め合う		

5歳児　教育課程（ブロックⅧ〜ブロックⅫ）												
月	4	5	6	7	8	9	10	11	12	1	2	3
ブロック	Ⅷ		Ⅸ		Ⅹ			Ⅺ		Ⅻ*		
タイトル	年長の喜び		工夫して楽しむ		友だちとの協力			心の充実感をもつ 小学校への接続①※2		個を輝かせて自立する 小学校への接続②※3		

※1　4歳児の教育課程は，3年保育の場合Ⅰのブロックはきわめて小さくなる
※2　落ち着いて話を聴く力，理解できる力を育てる
※3　落ち着いた，安定した態度で，一定時間継続して活動できる力を育てる

各ブロックのねらい・内容の例として「ブロックⅫ」を図・表 3-6 に示す。

図・表 3-7　期のブロックのねらい・内容（例）

ブロック　Ⅻ　個を輝かせ自立する	
発達過程	一人ひとりが自覚をもち，自分たちで意欲的に遊びや生活を展開していく時期
ねらい	・自信と責任をもって行動し，集団の中で一人ひとりが自分の持っている力を十分に発揮して遊ぶ ・生活に見通しをもち，自分たちで遊びを進めていく充実感を味わう ・友達とともに，園生活の楽しさを満喫する
内容	・友達とのつながりを楽しみながら，今まで経験してきたことを生かして遊ぶ ・友だちと協力して遊びを進め，互いに理解し合う楽しさ味わう ・自分の考えたことを自信をもって話したり，友達の意見を聞きながら自分なりに考え行動する（はっきりした言動） ・冬の自然や自然現象に興味をもち，冬ならではの季節感を味わう ・一年生になることに期待をもちながら，まわりの人々に感謝の気持ちをもち，園生活を楽しむ

（出典：こゆるぎ幼稚園／小田原市　「こゆるぎ幼稚園教育課程」2009年）

3．教育課程と日常の保育とのかかわり

　日々幼児とかかわり，小学校以降の教育とは異なる方法による教育を行う教師にとり，目の前の幼児の言動からその喜びや悲しみ，悔しさやこだわり，つまづきや願いをどのように理解し支えるか，ということは教師の役割の中心をなすものであり，重要な専門性である。

　その専門性を発揮する際に，教師は「教育課程」という，よって立つべき大きなバックボーンに支えられ，個別の幼児に対する指導の手だてや教材について研究を重ねていく。教師が個々の幼児とかかわりつつ集団全体の状況をとらえることは，「蜘蛛の巣」を張るようなことである。「蜘蛛の巣」は細く見えにくいが，しかし切れにくいものである。このように幼児同士または点在する多様な活動をつなげ，さらなる充実を生み出す役割をさりげなく果たすことにより，個の成長はもとより友達同士の関係，さらに集団全体の成長が促されるのである。

　また，「環境を通して行う教育」を実践するうえではティーム保育が欠かせない。ティーム保育を充実させるためには園全体で発達観を共有することが必要である。幼児期の教育は，日々実践と省察を繰り返し，つねに考え続ける教師ティームによって成り立っているのである。

　日々の保育実践はまさにさまざまな関係性が絡み合い展開されるもので，混沌とした状況を生み出している。このような実態をとらえ，鯨岡（2001）は「保育の場の両義性」として次のように述べている。

　　保育には二つの大きな目標があります。それが保育の場において子どもを『育てる』ということに深くかかわってくることは言うまでもありません。その一方は，『人は本来的に自己充実を目指す存在だ』という人間存在の根本既定の一つから導かれるもので，要するに，子供一人一人が一個の個性的な主体として成長することを願い，それを実現しようとする目標です。(中略) もう一方の目標は『人は他者と共に生きる』という人間存在のもう一方の根本既定から導かれるもので，要するに，個性的で主体的な一人一人の子どもが保育の場では集団となって生活を営むというところから導かれます。

保育の実践場面においては、しばしばこの両義性に直面する。幼児たちが安心して自己を発揮し、次々に活動を繰り広げるとき、個と集団、幼児と教師のかかわりあいは複雑に絡み合い、生活が紡ぎ出されていく。

幼児期の教育においては、教師は一人ひとりの幼児に最もふさわしい、いわばオーダーメイドの適切な支えとなるよう、多様な視点から考え、援助することが求められている。教師は場面や状況、幼児の個性、入園前の家庭や地域での経験等、その幼児の「地」となる部分をとらえ、その幼児にふさわしい成長・発達の見通しをもち、かかわるのである。

教師は幼児の遊びの展開状況に応じて指導計画を修正し、環境を再構成する。計画はつねに修正・改善を繰り返し、変容するものである。ゆえに「今、ここで」展開している状況をどのようにとらえるか、その後の展開をどのように見通すか、個の発達課題とともに集団全体の評価を行うには「教育課程」に立ち戻り、多面的に省察し、保育の方向性を確認することが肝要なのである。

このように「教育課程」の編成は、幼児の主体性を受け入れつつ、教師の意図を絡み合わせ、ともに日々の保育を創造していく教師集団にとって欠かすことができない専門性である。

演習問題
- A. 「幼稚園教育課程」の必要性について復習しましょう。
- B. 事例で取り上げたそれぞれの「幼稚園教育課程」の書き表し方の違いについて、検討しましょう。
- C. 事例における各幼稚園の子どもの発達観や保育理念と「幼稚園教育課程」編成との関連性について、考え合いましょう。

4章 教育課程と保育内容

　この章では，指導計画をどのように立案して保育を進めていくのか，次の2点から学びたい。
　1点目は，教育課程と指導計画がどのような関係にあるのか，指導計画にはどのような種類のものがあるのかという，保育における計画の構造全体を把握することである。具体レベルの実践を支えるためにある，長期・短期の指導計画について，その種類や相互のつながりを理解していく。
　2点目は，指導計画と具体的な実践である保育内容との関係についてである。幼児期の教育の特徴を踏まえると，保育における計画は子どもの姿を基点として立案することや，遊びや生活の中で総合的にねらいが達成されることを理解して立案する必要がある。幼稚園における指導計画の実際例を中心に，指導計画立案と保育実践について考えていく。

1 教育課程と指導計画

1．教育課程と長期の指導計画，短期の指導計画の関係

　幼稚園・保育所では，入園してから修了するまでの子どもの育ちを見通して，教育課程・保育課程を編成する。教育課程・保育課程は，園の実態を踏まえ，どのような子どもを育てたいのか，園の教育の目標は何か，保育の重点は何か，などを記したものである。
　しかし，それを手がかりにすることはできても，日々の具体的な保育実践を展開するには，あまりにも大きすぎる。教育課程・保育課程で示した各園の教

育目標に向かって，具体的にはどのような取り組みをしていくのか，その詳細を示した指導計画が必要となる。

この指導計画には，大きく二つのタイプのものがある。一つが長期の指導計画であり，もう一つが短期の指導計画である。子どもの発達を，どのような時間の長さで見通すかによって，この長期と短期の計画を区別している。

長期の指導計画は，比較的長い時間の見通しで立てられる計画である。どのくらいの時間を見通すかによって，「年間指導計画」「期間指導計画（期案）」「月間指導計画（月案）」などの種類がある。その時期の保育のポイントを押さえ，方向性を示すような計画である。

一方，短期の指導計画は，明日の保育や来週の保育をどのようにしていくかといった，最も具体的で個別的な計画である。一日の保育の予定について計画した「一日の指導計画（日案）」や，一週間の予定を計画した「週の指導計画（週案）」などとして作成している。また，この「日案」と「週案」が一つになった形式の「週日案」を使っている園も多い。

このように，実践を支えるための計画には，教育課程・保育課程から始まり，長期の指導計画，短期の指導計画といった，さまざまな計画がある。図・表4－1は，教育課程と長期の指導計画，短期の指導計画の関係性を図示したものである。

図・表4－1を見るとわかるように，保育の計画は多様な時間軸の見通しの中で重層的に立案されている。その園に通う子どもたちが例年はどのような育ちをしているのか，一般的な発達の姿を長期の指導計画で仮説として押さえながら，具体的には，日々の幼児の生活する姿をとらえて，それに即した短期の指導計画を立案することで保育は実践される。

保育者は一日の保育を終えると，その日の子どもの遊びや自分の援助を振り返り，その反省と評価を保育記録に残している。これを基にして，再び翌日の保育の計画を立案し，それに沿って保育が行われるという「保育実践→反省・評価→保育計画の立案」のサイクルを繰り返しているのである。

こうした日々の実践と保育記録をある程度の時期（月や期）でまとめて集約していくことから，翌年の長期の指導計画が修正されていくのであり，大きく

4章 教育課程と保育内容——77

図・表4-1 教育課程と長期の指導計画，短期の指導計画の関係

入園 ─────────────────────→ 修了

	教育課程（幼稚園）		
	年間指導計画 3歳児	年間指導計画 4歳児	年間指導計画 5歳児

長期の指導計画

期案：①期 ②期 ③期 ④期 ⑤期 ⑥期 ⑦期 ⑧期 ⑨期 ⑩期

月案：4月 5月 6月 7月 9月 10月 11月 12月 1月 2月 3月

短期の指導計画

週案／週案／週案／週案／週案

日案／日案／日案／日案／日案

図・表4-2 双方向性のある指導計画展開

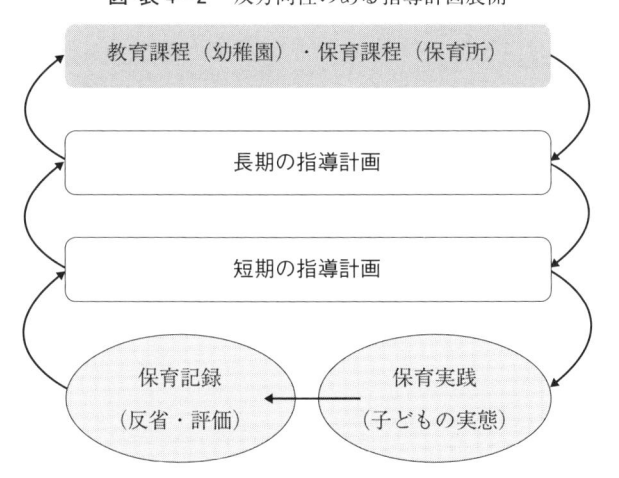

教育課程（幼稚園）・保育課程（保育所）

↕

長期の指導計画

↕

短期の指導計画

↕

保育記録（反省・評価） ← 保育実践（子どもの実態）

は教育課程や保育課程の見直しへと連動していくのである。実践からの積み上げで書き直していく長期の指導計画は，翌年の実践においては長い期間を見通す保育の仮説として押さえられることになる。

このように，指導計画は一方向的に立案されるのではなく，短期の計画から長期の計画へという方向と，長期の計画を踏まえて短期の計画をという方向の，双方向性をもって立案されていることを図・表4-2に示したので参照してほしい。

2．指導計画作成の手順と留意点

(1) 手順

長期の指導計画と短期の指導計画では，見通す時間の幅に違いはあるものの，計画作成の手順としては同じ考え方で進める。保育実践の中で「子どもの実態」をとらえることを基点として，そこに「保育者の願い」を重ねていく。子どもの実態を記述する際には，どのような興味や関心をもち遊びに取り組んでいたのか，保育者や友達との人間関係はどのようであったか，自然や季節の変化とともにどのように生活を進めていたか，などの視点からとらえる。

次に，子どもたちに育ってほしい方向性を「ねらい」として導き出し，心情面や意欲面，態度や技能などとして押さえる。この「ねらい」を達成するためには，どのような活動や遊びを通して子どもが何を経験していくのかについて「内容」として考える。

最後に，「ねらいや内容」を実現するためには，どのような遊具や教材を整えていくのか，保育者はどのように援助していくのか，などを構想する。このように，物的・人的環境をどのように整えていくのかについて「環境の構成」としてポイントを押さえる。指導計画は，このような手順で立案される。

(2) 留意点

幼稚園教育要領では，指導計画作成上の留意点が示されている。おもな留意点を以下に抜粋したので，このような視点をもって指導計画を立案するようにしたい。

① 発達の理解
・学級や学年全体の発達の過程を理解する。
・一人ひとりの生活経験や個人差，発達の実情を理解する。
・事物や人とのかかわりなど，生活の中で具体的に見通す。

② 具体的なねらいや内容の設定
・発達の過程や，前後の時期の育ちを見通して具体的に考える。
・どのような興味や関心をもち遊びに取り組んでいるか，保育者や友達との人間関係や生活の取り組み，自然や季節の変化などを視点として，次の育ちを促すようなねらいや内容をたてる。
・日々の保育の連続性や，家庭・地域生活との連続性がある展開ができるように考慮する。

③ 環境の構成
・具体的なねらいに向けて必要な経験ができるよう，場や空間，物，時間など，状況をどのように整えていくかを考える。
・子どもの気づきや発想，つくり出した場や物の見立てを組み込んでいく。

④ 活動の展開と教師の援助
・子どもの活動を予想し，必要な保育者の援助を具体的に考える。
・状況に応じた柔軟なかかわりや多様なかかわりも求められる。

⑤ 反省・評価と指導計画の改善
・子どもの実態や発達の理解が適切であったか検討する。
・ねらいと内容，環境の構成が適切であったか，必要な援助がなされていたかどうか検討する。
・反省や評価を生かして指導計画を改善していく。

⑥ 入園から修了までの発達の過程をとらえる
・安定していく時期から，次第に友達同士で目的をもって協同していくようになる幼児の生活する姿を，大きな道筋としてもつ。
・それぞれの時期にふさわしい生活が展開されるように配慮する。
・入園当初や3歳児については，個人差や経験差に応じたきめ細かい指導や，安全への配慮が必要である。

⑦ 体験の多様性と関連性
・さまざまな人や物，生き物など自然とかかわることができるようにし，

必要な多様な体験を重ねる。
・心を動かすような質の高い体験から，それが広がったり深まったりするような，体験の関連性をもつようにする。
⑧生活のリズム
・活動と休息をバランスよく配置し，めりはりのある生活となるようにする。
・日常性のなかに変化のあるものを組み込みながら，無理のない生活の流れをつくっていく。
⑨指導上の工夫
・個人，グループ，学級全体など多様な形態の活動が展開できるようにする。
・一人ひとりの特性に応じてきめ細かい指導ができるよう，ティーム保育など指導方法を工夫する。
⑩連携
・家庭や地域社会と連携し，豊かな生活となるようにする。
・小学校以降の生活や学習の基盤となるよう，小学校と幼稚園相互に連携する。

3．長期の指導計画

　教育課程・保育課程と長期・短期の指導計画のつながりについて，全体の構造が把握できたところで，次は，それぞれの指導計画の特徴や実際例について，詳しく見ていきたい。

　長期の指導計画で求められているのは，大きな発達の過程と見通しをもつことである。たとえば，どこか旅行に行くことを考えるとき，始めは縮尺の大きな地図で，目的地までのおおよその道順や距離，途中の主な観光名所などを確認しておくようなものである。おおよその子どもの育ち方をつかんでおき，おおまかな「ねらい」と「内容」の配列をする。これは，各園の教育課程・保育課程に基づいていることはもちろん，幼稚園教育要領や保育所保育指針で示された，「ねらい」「内容」を考慮することはいうまでもない。

　また，長期の指導計画では，行事を位置づけることや，天候や季節などを活

かした遊びや生活を押さえることも重要である。雨の多い時期には製作活動に力を入れたり，梅雨明けから暑くなるころには，思う存分，水遊びをできるようにしたり，気候のよい時期に戸外活動を入れたりするなどの計画を立案したい。

　栽培計画や飼育計画などには，種まきや球根植え，昆虫採集など，一年のなかで時季を逃さずに経験させたいことがあるだろう。季節の変化によって生活や遊びが変化することを大切にできるよう，あらかじめ年間栽培計画を立てたり，園内外の活用できる自然環境をマップにまとめておいたりすることで，時を逃さずに教材として活用しやすくなる。

　子どもの生活に変化や潤いをもたらすものとして，各園では行事が計画される。なかでも，遠足や運動会，子ども会などは，子どもの経験を広げるものとして特に重視されており，教育的効果も高い。こうした行事を経験することで，子どもが変化し，育ち，発達の節目を作るものともなっている。子どもにとって，行事が自然な生活の流れのなかに位置づくものとなるかどうかは，そこに向かう過程と，行事を経たあとの保育の流れが大切となる。

　どのような子どもの姿をとらえて行事を計画し，それを共に楽しむことができる内容とするかは，長期の指導計画で見通していく必要がある。また，こどもの日や七夕，節分などの伝統的な行事や習慣，地域の祭りなども，近年は家庭生活のなかで経験しにくくなっているので，貴重な機会となる。

　子どもが自ら取り組む遊びを中心とした生活に，こうした行事が潤いや変化，刺激を与えることで，保育が充実していく。さまざまな行事によって生活が豊かになるように配列しつつ，子どもに負担がかからないよう行事を精選することも必要である。

　このように，長期の指導計画は，園全体の保育を視野に入れて，大きく見通して立案することから，互いの学級や学年間で連携を図る必要もある。そのため，一般的には学年共通で立案したり，全教職員で検討し作成したりすることが多い。

図・表4-3　4歳児学年の年間指導計画

2年保育年少（4歳児）

月	4	5	6	7	8	9
期	Ⅰ期		Ⅱ期			Ⅲ期
発達の特徴	・幼稚園生活に親しみをもち安定する。		・安定した情緒を基盤に、教師や友達との触れ合いのなかで好きな遊びを見つける。			・自分のしたい遊びに自分から取り組むようになり、友達への興味・関心が高まる。
ねらい	・幼稚園生活に慣れ安心して過ごす。 ・教師や友達と親しむ。		・自分の好きな遊びをしたり、友達に関心をもったりする。 ・幼稚園での生活のルールや遊び方、身近な遊具の扱い方などを知る。			・友達とかかわりあい一緒に遊ぶ楽しさを味わう。
内容	・喜んで登園し、教師や友達に親しむ。 ・自分の好きな遊びをする。 ・園生活の仕方を知る。		・自分の好きな遊びをしたり友達と触れあったりする。 ・友達と同じ場で遊び、同じ遊びをする楽しさを感じる。 ・遊びのなかで遊具・用具の使い方や約束を知る。 ・いろいろな遊びを通して、素材や材料に触れ、感触や開放感を味わう。			・友達の動きに関心をもち、同じものを身につけたり、同じ動きをしたりして遊ぶ。 ・教師や友達に遊びに必要な言葉や、自分の思いを伝えようとする。
環境構成	・一人ひとりが安心して遊べるような遊具や場の設定をする。 ・教師との信頼関係をつけ安心して登園できるようにする。 ・園での生活の仕方、約束などを知らせていく。		・一人ひとりが自分の好きな遊びを見つけて取り組めるよう、素材や遊びの提示をしていく。 ・友達とかたまって遊べるような場で、教師も一緒に遊びながら友達との触れ合いが楽しめるよう援助する。 ・遊びや生活のなかで園生活の決まりを知らせ徐々に身につくようにする。			・友達と同じ場のなかで一人ひとりが安定して自分なりの動きができるよう援助する。 ・友達と同じ場で遊んだり触れ合って遊べるような場を一緒につくっていきながら、友達とのつながりをもたせていくようにする。 ・友達の考えや動きに、気づかせながら相手を意識して動けるようにしていく。

10	11	12	1	2	3
	Ⅳ期			Ⅴ期	Ⅵ期

・気の合う友達とかかわり自分を出して遊びながら遊びを広げていく。	・気の合う友達と一緒に遊びを進める楽しさを味わう。	
・気の合う友達と遊ぶなかで自分なりに目的やイメージをもって遊ぶ。 ・学級の友達と一緒に遊ぶなかで個々の力を発揮する。	・気の合う友達と遊びを進めるなかで相手の思いを感じたり自分の思いや考えを出していく。 ・学級全体の目的に向かってすることがわかり、いろいろな方法で表現したり楽しんだりする。	・年長組になる喜びや期待をもつ。
・個々に目的をもって遊ぶなかで、友達とのかかわりを楽しむ。 ・友達のなかで自分なりのイメージや動きを出しながら遊ぶ。	・気の合う友達との遊びのなかで相手の動きを意識しながら考えやイメージを出して遊ぶ。 ・遊びのなかで自分の思いを言ったり、相手の考えを聞いたりする。 ・学級の目的に向かって友達と一緒に活動するなかで楽しさや満足感を味わう。	・年長組になる期待をもつ。
・遊びの目的やイメージがもちやすいよう、していることを認めたり、一緒に遊んでいる友達に伝えたりする。 ・友達と一緒に遊ぶなかで、一人ひとりが自分を十分に出して遊べるようにする。 ・学級の中で一人ひとりの良さが全体に伝わるよう援助し意欲的な気持ちが育つようにしていく。	・気の合う友達のなかで、イメージを伝えている姿を認め、遊びを進めていく楽しさを感じとらせる。 ・学級全体の活動に意識をもって取り組めるよう援助する。 ・年長組への期待をもって遊びや生活を楽しめるようにする。	

(出典：東京都文京区立湯島幼稚園「年間指導計画」1992年)

図・表 4-4　5歳児学年の年間指導計画

2年保育年長（5歳児）

月	4	5	6	7	8
期	Ⅰ期		Ⅱ期		
発達の特徴	・年長としての生活の仕方がわかり，気の合う友達との遊びを楽しむ。		・気の合った友達と，すすんで遊びに取り組み，つながりを深めたり，広めたりしていく。		
ねらい	・自分のしたい遊びや気の合う友達との遊びを楽しみながら，思いや考えを出し合ったり，受け止め合ったりして，遊びを進める。		・友達とのつながりのなかで，共通の目的意識をもち，遊びを楽しむ。		
内容	・新しい環境の使い方を考え合い，生活を進めていく。 ・気の合う友達と遊ぶなかで，友達の思いや考えを感じる。 ・個々の力を発揮する。		・自分なりの目的に向けて試したり，工夫したりして取り組む。 ・友達と一緒に興味のある遊びやルールのある遊びに取り組み，つながりを深める。 ・友達の言葉や動きを意識し，取り入れながら遊ぶ。 ・自分のイメージしたことを言葉や動きで表現する。		
環境構成	・自分達の生活の場という意識が育つよう，環境を共に考えていく。 ・友達とかかわって遊べるよう，場の設定を工夫したり興味をもって取り組めるような素材遊具，遊びなどを提示する。		・友達の動きを見て刺激を受け，個々に試したり工夫したりしている姿を認め励ます。 ・個々のイメージを周りの幼児に伝えたり，遊びの方向を示したりし，友達とつながりをもって遊ぶ楽しさが味わえるようにしていく。		

4章　教育課程と保育内容——85

9	10	11	12	1	2	3
Ⅲ期		Ⅳ期			Ⅴ期	
・友達と目的をもって遊びに取り組むなかで，自分の力を発揮していく。		・友達関係を深めながら，意欲や目的意識をもって遊びや生活に取り組む。		・友達と目的をもち，見通しをもって自主的に園生活を進めていく。		
・互いに思いや考えを出し合ったり，受け入れ合ったりしながら，友達と目的をもって遊びに取り組む。				・友達と互いの良さを認め合いながら自分達で見通しをもって遊びや生活を進める。		
			・学級全体の課題に向かって相談したり，協力したりして取り組み，やり遂げた充実感を味わう。	・成長に気づき，修了・入学への期待をもち，すすんで行動しようとする。	
・友達の思いを感じたり，共感したりし，友達と一緒に遊びを進める楽しさを味わう。				・目的や見通しをもって遊びや生活に取り組み，目的を達成していく満足や自信を深める。		
・共通の目的に向かって取り組む中で，自分の力を発揮し，やり遂げていく満足感を味わう。				・友達と認め合ったり受け入れ合ったりして遊びを進める。		
・遊びをすすめていくなかで，友達の得意なことや良さに気づく。				・修了を意識し周りの人や物への思いを深めたり，入学への期待をもったりする。		
・友達とイメージを受け入れ合う。		・友達と力を合わせて，学級全体で行なう活動に自主的に取り組む。				
・グループ同士つながりをもって遊ぶ。						
・遊びのなかで個々に共感したり，伝え合ったりする姿をとらえ，互いの良い面を認め合えるような関係をつくっていく。				・全体の遊びや生活を見守り，要求に応じて援助したり，遊びでの満足感を味わったりする。		
・遊びのイメージを実現できるよう，環境を共に考え用意する。				・幼児同士の励まし合う姿に共感していく。		
			・課題に対し見通しをもって取り組めるように活動の内容や取り組みについて話し合ったり知らせていく。			

(出典：東京都文京区立湯島幼稚園「年間指導計画」1992年)

(1) 年間指導計画

　保育年限ごとに，一年間のおおよその発達と見通しを表したものである。そのため，あまり細分化しない。学期などの区切りに保育を見直して反省した形成的評価を積み重ね，翌年度の年間指導計画に反映し作成する。したがって，ほとんどの園では，年度末には翌年度の年間指導計画が作成される。

　年間指導計画は，これまでの保育の集積でもあるので，急に大きく計画が変わるような性格のものではなく，園の保育方針や保育内容，文化が引き継がれ，少しずつ修正されていくようなものである。年度によって対象となる子どもは変わり，その年ごとの特徴や個人差もあるだろう。

　しかし発達の大まかな道筋を示すものであるから，対象は異なっていても，大多数の子どもの育ちの共通項がまとまっている道筋として，園内で共通理解するものである。

　図・表4-3，4-4は，2年保育の4歳児と5歳児の年間指導計画である。発達の特徴を順を追ってみていくと，入園当初は園に慣れて安定して過ごすようにすることから，しだいに自分の好きな遊びを見つけたり，友達への興味や関心を高めたりしていき，修了のころには友達と共通の目的をもって園生活を進められるように育っていくことがわかるだろう。それぞれの時期の「ねらい」「内容」「環境構成」には，ポイントがつかめるように要点が記されている。

　年間指導計画で見通した子どもが発達していくプロセスを，おおよその節目で区切ったまとまりを期という。たとえば，入園当初の時期は，登園することを嫌がったり，母親から離れられなくて泣いたりしていた子どもたちが，少しずつ保育者に親しみを感じるようになり，楽しいことや好きなことを園生活のなかで見つけられるように変化してくる。

　幼児が園生活に慣れてくるという姿を一つのまとまりとしたときに，これを発達の節目による期と見ることができる。期の分け方は，園によってさまざまである。年間を5～7期程度のまとまりで捉える園もあれば，もっと細かく3年間全体を10期程度のまとまりで考えようとする園もある。

(2) 月間指導計画（月案）

　月案は，読んで字のとおり，1か月を単位とした保育の計画のことである。

また，保護者へ配布する園の予定などは，月ごとに発行することが多く，その月の予定や保育のポイントなどとして情報を伝達する際にはわかりやすい。

しかし，子どもの発達は，カレンダーをめくるように育っていくわけではない。前月の子どもと，その月の子どもで大きく変わるかといえば，そういうわけにはいかない。たとえば，入園後1か月が過ぎるとゴールデンウィークの休みが入り，連休が明けて5月中旬ごろになると，子どもの姿が落ち着いてくるという感じをもって保育している保育者は多いだろう。

その場合，4月の下旬で計画を区切るよりも，4月入園から5月中旬で一つの計画を立てたほうが，子どもの育ちにあった，ねらいや内容が立案できるといえる。つまり，便宜上の区切りである「月」を利用しているのが月案であるが，時間の見通しを立てやすいというメリットがある半面，子どもの育ちの区切りを十分には活かせないというデメリットがあることがわかる。

4．短期の指導計画

短期の指導計画は，実際の保育実践を直接的に支える計画である。その週の保育をどのように展開するかを考えた「週案」，その日の保育をどのように進めるかを考えた「日案」，また，これらが一緒になった「週日案」が短期の指導計画となる。

目の前にいる一人ひとりの子どもに対応して，翌日はどのような援助をしていくのか，その日楽しんでいた遊びをさらに充実させるには，どのような教材を用意し場所を整えていけばよいのかなど，具体的にシュミレーションするものである。

たとえば，「みんなで育てた落花生が大きくなっていることにA児が気づいた。明日は，A児と一緒に少し掘ってみよう。周囲の子どもも興味をもち始めたら，本格的に収穫してもよいかもしれない。それなら，実を入れるためのざるを準備しておこうか。土が落ちないように，新聞紙も広げる必要があるだろう。また，どのように実が付いていたのかがわかるように，全部の実をとってしまわないで，グループ数程度は，枝ごと残しておくようにしよう。」など，その日の反省評価から，翌日の活動を予想し，必要なものや場所，具体的な援

助の方法を考える。そのため，短期の指導計画は，個人名や遊び，具体的な活動，使うものや数などが詳細に記述されることになる。

　園によっては，ティームを組んで保育を運営し協同して週案などを作成する場合もあるが，一般的には，短期の指導計画は自分の学級について担任が作成することがほとんどである。

（1）　週の指導計画（週案）

　一週間の流れを見通しながら，連続する遊びや，その日に計画されている行事など，位置づけていく。子どもが自分から選んで取り組むようにしていくのか，保育者と一緒に学級全体で取り組んでいくのか，などの，保育方法もあわせて考える。園庭や遊戯室など，園での共有の場所を使う予定など，保育者間で連絡し合い，調整しておくことも必要である。

　まずは，前週の子どもの生活と遊びを振り返り，それが次の週にどのように連続していくのかを予想していくことが基本である。そのほかにも，子どもの経験を広げたり，時季を生かして保育を展開したりすることができるよう，長期の指導計画と照らし合わせて，必要な環境を構成していくことも大切である。

　その際，長期の指導計画から短期の指導計画に，ねらいや内容をおろしてくるのではない。繰り返しになるが，実際には，その週の子どもの実態をとらえることから，来週のねらいや内容を立ち上げ，それに必要な環境構成と援助を考えていくという循環である。

（2）　一日の指導計画（日案）

　日案は，登園から降園までの一日を，どのように生活するのかという最も具体的な計画である。前日の姿から翌日の姿を予想して，具体的に立案する。日案を書くことが，翌日の保育シュミレーションでもある。

　子どもは，環境にかかわって自ら遊びを見つけていく。それぞれの動機で，園内のいろいろな場所で遊ぶ子どもたちの全体を把握して，それぞれの遊びや個人，グループについての理解がなければ，遊びを中心とした保育を日案に示していくことは難しい。そのため，一日の保育を振り返り，どこで誰がどのような遊びをしていたのか，そこで楽しんでいたことは何か，など記録を書くことで個人や遊びについての理解を重ねる必要がある。それをもとに，次に経験

させたいことは何かを考ることから環境構成や援助などを考えて書くことで，よりよい日案となっていくのである。

2 指導計画の作成と保育の実際

1．短期指導計画（週案）のねらいと内容の構造

　短期の指導計画は，子どもの生活と遊びに沿った，具体的な予想を書き表したものである。保育後に，今日の子どもの姿を振り返り，明日もしくは来週にかけて，どのように援助していこうかと構想するものである。

　図・表4-5は，遊びのなかで子どもたちが多様な体験をしていることを示した。ごっこ遊び「てぶくろ」の事例から，そこでどのような発達の様相があるのかについて，〈健康〉〈人間関係〉〈環境〉〈言葉〉〈表現〉の5つの領域を窓口として，読み取ってみたものである。

　この事例は，4歳児の11月中旬頃，保育者が「てぶくろ」の絵本を読んだことがきっかけとなって，本当に自分たちも入れるような大きなてぶくろのお家を作りたいという気持ちが高まり，そこからごっこ遊びが始まったものである。

　たとえば，領域〈健康〉の視点からとらえようとすれば，大きなてぶくろを段ボールや絵の具で作ったので，「使った道具や用具を片づけ，自分たちの生活の場所を整える」ことや「汚れた手を洗ったり，洋服を着替えたりして身の回りを清潔にする」などの経験をもたらしている。そこでの遊び方も，「ウサギになって遊びながら，跳んだり，跳ねたり，しゃがんだり，走ったりして，いろいろな体の動きを楽しむ」という運動的な経験となった。

　実際の保育では，子どもの活動を一つの領域にあてはめるのではなく，5つの領域の観点から総合的に理解し，指導や援助の手がかりを得ている。このことは図・表4-5の「週案におけるねらいと内容」において，「必要な材料や用具を要求したりしながら，工夫してものを作って遊ぶ」（環境），「友達のしていることに興味をもち，真似たり，仲間入りしたりする」（人間関係）など，5領域の観点が，それぞれ反映された内容の構成になっていることからもいえる。

図・表 4-5　遊びを通して総合的に指導する

発達の様相を 5 領域の窓口から読み取ってみる

領域〈健康〉の視点から

・使った道具や用具を片づけ，自分たちの生活の場所を整える。
・汚れた手を洗ったり，洋服を着替えたりして，身の回りを清潔にする。
・友達と心を通わせて，安心して一緒に遊ぶ。
・ウサギになって遊びながら，とんだり，はねたり，しゃがんだり，走ったりして，いろいろな身体の動きをする。
・とんだり，はねたりするときに，危なくないよう，いらないものは適宜片づける。
　　　　　　　　　　……など

4 歳児（11月中旬）の姿

保育者に読んでもらった『てぶくろ』のお話をきっかけに，「てぶくろのおうちを作りたい」と，家作りが始まった。この，てぶくろのおうちが遊びの拠点となり，この後，ごっこ遊びが継続していった。

領域〈人間関係〉の視点から

・仲よしの友達と一緒に誘いあって遊ぶことを喜ぶ。
・絵の具をぬったり，ウサギの耳を作ったり，自分でできることは自分でしようとする。
・「てぶくろのおうちを作りたい」という気持ちをもって，楽しみながら最後までやる。
・自分の思ったことを相手に伝えたり，相手の思っていることに気づいたりする。
・友達と一緒に作ったり，動いたりすることを楽しむ。
・絵の具や筆を大切に扱い，みんなで一緒に使う。
　　　　　　　　　　……など

領域〈言葉〉の視点から

・保育者が読んでくれる絵本『てぶくろ』に親しみ，興味をもって聞いたり，想像したりして楽しむ。
・『てぶくろ』の絵本の世界に浸り，自分の考えたことや思いついたことを，自分なりに言葉で表す。
・したいことや，してほしいことを言葉で表現する。
・友達の言っていることをよく聞く。
　　　　　　　　　　……など

週案におけるねらいと内容

○興味や関心をもったことを取り入れ，自分のしたい遊びを楽しむ。
・遊びに必要なものや場所を選び，自分たちで場をつくる。
・必要な用具や材料を要求したりしながら，工夫してものを作って遊ぶ。
・友達のしていることに興味をもち，真似たり仲間入りしたりする。
・作ったものを身につけたり持ったりしながら，自分なりのイメージを動きや言葉で表す。
・友達と一緒に遊びのストーリーに沿って動こうとする。

ウサギの耳を作り，かぶると，すっかりその気になって，ぴょんぴょん動き出す。「学校に行ってきます」「ご飯を作っておくね」など，それぞれの思いを出し合いながら，自分の動きを出すことが楽しい様子であった。

領域〈表現〉の視点から

・保育者が読んでくれた『てぶくろ』の絵本の世界を楽しみ，自分なりに感じたことを再現しようとする。
・「寒い冬」や「あたたかいてぶくろのおうち」など，イメージ豊かに動く。
・遊びに必要なものを描いたり作ったりして，それを使って遊ぶ。
・自分のイメージしたウサギの耳を，自由に表現する。
・「ごはんをつくる」「学校に行く」など，自分のイメージを動きや言葉で表し，ウサギのつもりになって遊ぶことを楽しむ。
　　　　　　　　　　　……など

領域〈環境〉の視点から

・ドングリや小枝などの自然物を使って作ったクッキーなどを遊びに使って喜ぶ。
・少しずつ冬の季節に向かっていることを感じる。
・『てぶくろ』の絵本をきっかけに，あらためて，園で飼育しているウサギやモルモットなどの生き物に関心を寄せる。
・作ったものを大切にして，繰り返し使う。
・遊びに使う遊具や用具など，一緒に遊んでいる仲間の分が足りるように，数を考える。
　　　　　　　　　　　……など

図・表 4-6　10月4週の計画を立てる

「自然物を使った製作」の具体的展開

〈10月3週の週日案の記録より〉

○秋の自然を味わえるよう，学内散歩に出かけた。
ドングリ，松ぼっくり，木の枝，落ち葉など，思い思いのものを「いいもの見つけた」と言って，拾って持ち帰る。「赤ちゃんのドングリ，あった」「帽子をかぶっているドングリだよ」「こっちのは，サクランボみたいにつながっている」など，自分の見つけたものを友達や保育者に見せて，説明したり，喜んだりしている。
「持って帰りたい」という子もいるが，「これで，楽しいことできないかな？」と言うと，「ネックレスつくれるかなー」と答える子もいる。
持ち帰らずに，自然物をいろいろな遊びに使ってほしいと思う。
○落花生をゆでてみんなで食べた。自分たちで育てたので，もったいなくて，殻も捨てられない。落花生の殻も，材料にならないか。

〈翌日・翌週の保育の見通し〉

☆身近な自然物を遊びに使ってほしい。気に入った素材を手にとって，触ったり並べたりしながら，いろいろなものを思いついていくのではないか。素材を通して自分の感じたことを，表現して楽しんでほしい。
〈内容〉
・身近な自然物を（落花生の殻，木の実，枝など）を使い，自分なりに工夫して作る。

写真：保育者も落花生の殻を使って掲示を作る

写真：落花生の様子をよく見る子どもたち

写真：ドングリを拾う

〈具体的な環境の構成〉

○いろいろな自然物を使えるように
・散歩で拾ってきた，ドングリ，松ぼっくり，木の枝は，汚れを落として，種類別に分けておく。
・落花生の殻は捨てないで洗って干し，落ち葉は雑誌にはさんで「押し葉」にすることで，製作の材料として使えるようにする。
・小鳥の餌（ヒマワリの種，乾燥ポップコーンなど）として売っているものを購入しておく。いろいろな色や形があることで，子どものイメージが広がるのではないか。

○置いたり，並べたりして，さまざまにイメージできるように
・はがき大程度の台紙を用意する。自然物の素材感となじむように，段ボールを切って用意したい。また，少し太い枝を輪切りにしておくことで，これも自然物を使った作品を作るベースになるだろう。

○自分で扱いやすいように
・木工用ボンドは，一人で使える小型のものを多めに用意して，中身が少なくなったら補充できるようにする。
・やりたい子どもが，自分で雑巾を絞って準備できるよう，子どもの手でも絞りやすい小型の雑巾を10枚程度，水道横に設定しておく。

○自然物の良さを生かした材料の提示方法や，展示方法を考える
・素材の良さを感じ取れるように，材料はプラスチックのカゴではなく，木製トレーや木のかごに入れて設定する。
・作ったものは並べて乾かせるよう，置く場所を開けておく。
・作品の良さが出るよう，壁に飾る時は，布を貼った上に展示してみたい。

→ 日案の「製作」記述へ

写真：手作りの木製トレーに材料を並べる　　写真：いろいろな顔の作品

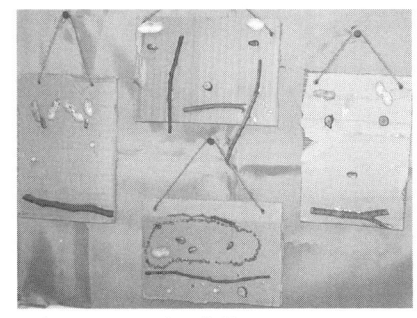

2．週案から日案の立案

　ここでは，4歳児の10月4週の週案・日案を立案する道筋（図・表4-6→図・表4-7）を示していきたい。10月3週の反省評価である保育記録には，散歩に出かけてドングリや松ぼっくりをたくさん拾った様子をとらえている。ここでの体験から，保育者は「身近な自然物を遊びに使ってほしい」という願いをもった。自然素材を通して，自分で感じたことを表現して楽しんでほしいと思ったのである。

　そこで，翌週のねらい「新しい場所や素材，道具を選んだり取り入れたりして，自分の好きな遊びを繰り返す。」を立て，内容として「身近な自然物（落花生の殻，木の実，枝など）を使い，自分なりに工夫して作る」を考えた。

　この「自然物を使った製作」を考えるにあたって，どのような経験をしてほしいのか，4歳児の技能で製作するとしたらどのようなものが適しているか，材料や道具は何をどこに，どのくらい用意したらよいかなど，幼児理解と教材研究をもとに，製作コーナーの具体的な環境を検討した（図・表4-6）。

　たとえば散歩で拾ったドングリや松ぼっくり，木の枝などは，汚れを落として種類別に分けておくことで使いやすいようにしたり，もっと多様な自然素材を使えるようヒマワリの種や乾燥ポップコーンを購入したりするなど，一つひとつの遊びや体験が次の豊かな体験につながるよう物的環境を検討している。

　ほかにも，自分で扱いやすいようにするにはどのようにしたらよいか，自然物のよさを生かした提示方法などもあらかじめ考えている。これらを日案として表すと，図・表4-7の「〈保育室〉製作」（p.97）という欄の記述になる。ここでは誌面の関係上，図・表4-6として，一つの遊びについての計画の道筋を示したが，すべての遊びや活動について同様のプロセスを経て，日案（図・表4-7）となっていることを理解してほしい。

図・表 4-7　図・表 4-6 を基に作成した日案

```
              4歳児学年10月28日　指導計画
        （ゆりぐみ）担任：2名
                  在籍：男児16名　　女児14名　計30名
        （ももぐみ）担任：2名
                  在籍：男児13名　　女児16名　計29名
```

1．最近の幼児の実態

○運動会の前後から，天候の良い日には積極的に戸外を使って遊んできた。大ブロックやビールケース等で自分たちの遊びの場所を作ることや，砂や水を使って食べ物や飲み物を作ったり大きな山や水路を作ったりすることなど，繰り返してきている。新しい画材や遊具を刺激として自分の遊びに取り入れるよう，テラスに水彩絵の具を提示したり，裏庭を活用するよう，数種の誘動遊具（板・玉・ブランコ）を設定したりしてきた。のびのびと体を動かすことや簡単なルールに添って動く面白さがわかり始めて，友達の存在を感じながら，自分の動きを出す楽しさを味わっている。「サルの引っ越し鬼」で始まった鬼遊びは，昔話の『さるかに』をベースに「さるかに合戦」というエンドレスの鬼遊びへと移行してきた。

○学内散歩や園内で拾った木の実や葉をきっかけに，身の回りの自然物を生かした製作活動にも喜んで取り組んでいる。新たな用具として木工用ボンドを使ったり，製作物をごっこ遊びに取り入れたりする姿も見られる。落花生を収穫して塩ゆでしたものを味わったり，ユズやミカンをもいで食べたりしている。育てた落花生は，茎に毛が生えてることや実の形，色など気づいたことをパステルで描いてみた。一年の中でも最も季候の良い時期なので，生活の場所を広げ，自分たちで遊びの場所を選び，動けるようにしていきたい。

○気の合う友達と同じ場所で遊ぼうとしたり，誘い合ったりしている。集合場面では，気の合う友達と一緒に座ろうとする幼児が多い。座る場所でもめたり，自分の思いが叶わないとなかなか気分を立て直せなかったりする姿もある。互いの思いを出すこと，一人ひとりの気持ちを受けとめることを大切にしていく。ゆりぐみは2学期から3名の転入園児が入った。積極的にかかわろうとする一方で，今までのやり方では伝わらなかったり，2人組になる場面などで受け入れられなかったりする姿もある。

2．ねらい及び内容

○新しい場所や素材，道具を選んだり取り入れたりして，自分の好きな遊びを繰り返す。
・身近な自然物（落花生の殻，木の実，枝など）を使い，自分なりに工夫して作る。
・友達や教師のしていることを真似したり，自分の遊びに取り入れたりする。
・誘動遊具に一人で挑戦したり，友達と一緒に動きを作ったりする。
・大ブロックや積み木などを使って自分たちの遊びの場所を作り，ごっこを楽しむ。
・絵の具やパステルなど新しい描画材の使い方を知り，自分なりの表現をする。
・「さるかに合戦」の鬼遊びを学級や学年の友達とするなかで，走ったり逃げたりして楽しむ。
○園生活の仕方を見直し，できることに自分から取り組む。
・片付けや集まりなど，必要なことに気づき友達に知らせたり自分なりに行動したりする。

（出典：東京学芸大学附属幼稚園『学びをつむぐ生活づくり ―保育環境としての自然を見直す―』平成18年度研究紀要　2007年，p.88）

3．本日の流れ

時間	幼児の活動
9：00	○登園する ・挨拶 ・所持品の始末 ○好きな遊びに取り組む 〈保育室〉 ・自然物を使った製作 （壁飾り，オブジェなど） ・ごっこ遊び （海賊ごっこ，コウモリ，クッキーやさん等） 〈中庭〉 ・大ブロックでの場作り ・ごちそう作り 〈大砂場〉 ・水路，山，海作り 〈テラス〉 ・絵の具で描画 〈裏庭〉 ・誘動遊具 （板，球，ブランコ）
10：20	○片づける
10：45	○学年で遊ぶ ・「さるかに合戦」 ・うがい，手洗い，トイレ
11：00	○学級で集まる ・うがい，手洗い，トイレ ・歌「いっぽんでもにんじん」 ・話
11：20	○降園する

4．予想される遊びの姿（○）と環境の構成（☆）

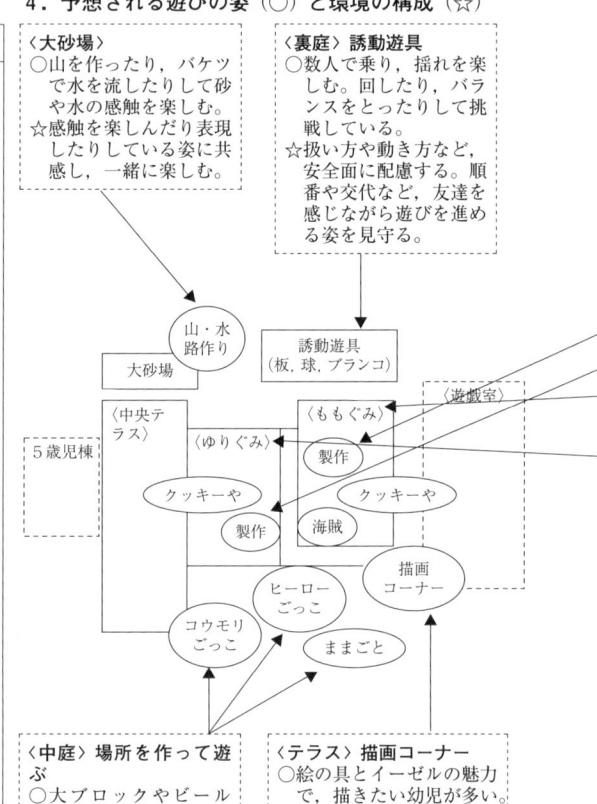

〈大砂場〉
○山を作ったり，バケツで水を流したりして砂や水の感触を楽しむ。
☆感触を楽しんだり表現したりしている姿に共感し，一緒に楽しむ。

〈裏庭〉誘動遊具
○数人で乗り，揺れを楽しむ。回したり，バランスをとったりして挑戦している。
☆扱い方や動き方など，安全面に配慮する。順番や交代など，友達を感じながら遊びを進める姿を見守る。

〈中庭〉場所を作って遊ぶ
○大ブロックやビールケースで自分たちの遊ぶ場を作り，拠点にして遊ぶ。体を動かしたり，自然物を使った料理を持ち込んだりする。
☆組み立て方や凹凸の向きなど教師も手伝いながら，徐々に自分たちでできるようにする。
☆教師も一緒に楽しんだり，イメージを体や作ったもので表現している姿に共感したりする。

〈テラス〉描画コーナー
○絵の具とイーゼルの魅力で，描きたい幼児が多い。好きな絵をじっくり描いている。
☆のびのびとした雰囲気で自由に描けるよう，テラスにコーナーを作る。イーゼル，板，イス，八つ切り画用紙（白），水筆，筆洗い，雑巾，固形絵の具を整え，子どもと一緒に準備や片付けができるようにする。主にT_3がコーナーを担当し，道具の扱い方や取り組み方を丁寧に伝えていく。
☆共感したり感想を伝えたりして，一人ひとりの表現をしっかりと受けとめる。

〈保育室〉製作
○自然物（枝や木の実，種）を並べたり，組み合わせたりして，段ボールの上に木工用ボンドで貼りながら，顔や動物を表現する。壁飾りやオブジェにして飾ることを喜んでいる。
○木片を生かして製作したものをクッキーに見立てたり，枝を生かして釣り竿にしたりして，ごっこ遊びに使っている。
☆学内散歩で見つけた木の実や枝，落ち葉，みんなで食べた落花生の殻，段ボール片（四角や丸），木工用ボンドなど材料を整える。自分の作りたいものをじっくり作ることや，友達のしている面白そうなことに刺激を受けて取り入れられるよう，十分な量を用意する。
☆ボンドの使い方，しまい方など一つひとつ丁寧に指導し，習慣づいていくようにする。

〈ももぐみ保育室〉海賊ごっこ，クッキーやさん
○ブルーシートや積み木を構成して，海賊船に見立てて遊ぶことが続いている。製作した釣り竿や魚を使って魚釣りや，操縦のまねなど楽しむ。
○畳やマット，積み木などで店を作る。自然物で製作したものをクッキーに見立てて焼いたり食べたりして，ごっこ遊びをする。
☆繰り返し遊ぶ姿が見られるので，自分たちで場を作って再現しようとする姿を見守る。
☆遊びのなかででてくるイメージ（クッキーの箱，宝の地図，船の旗など）を受けとめ，実現する方向を手伝いながら，面白いと思った遊びをさらに繰り返せるようにしていく。

〈ゆりぐみ保育室〉クッキーやさん
○積み木やパネルを使い自分たちで場を作り，そこで遊び始める。
○木材や木の実，小枝，ドングリなど身近な自然物を遊びに取り入れ，クッキーを作ったり，食べたりして，ごっこ遊びをする。
☆場作りの段階では場所が交錯しないように調整したり一緒に作ったりする。
☆自分なりに作り方を試したり，楽しんだりしている姿を認めたり，教師も一緒に作りながらアイデアを出したり楽しみに共感したりする。

〈学年で遊ぶ〉さるかに合戦
○段階的にルールを増やし変形させてきた。助け鬼をベースにしたもので，さるチームとかにチームに分かれて，相手の柿を全部奪うまで対決できる遊びである。自分の陣地からは出ていかず相手を捕まえることを楽しむ子どももいれば，敵の陣地に入って柿を手に入れるスリルを味わう子どももいる。「助けてー」の声を聞くと捕まっている仲間を助けに行くことも喜んでいる。場所によって「追う－追われる」関係が変化することを十分に理解できないで動いている子どももいる。
☆教師も一緒に仲間に入り動きながら，ルールを知らせたり動きのモデルを示したりする。さるチーム（T_2）かにチーム（T_1, T_3），途中で転んだり怪我をしたりする幼児の対応（T_1）など学年で取り組み3人の教師が役割分担することで，遊びの面白さがわかるようにする。
☆遊びのイメージや陣地がわかりやすいよう，さる，かにの看板を立てたり，赤玉を柿に見立てたりする。
☆大勢で動く雰囲気を感じながら，自分の気に入った動きを楽しむことを認めていく。

※雨天時は，学年での「さるかに合戦」はしない。各学級で簡単なゲームなど行う。

（出典：東京学芸大学附属幼稚園『学びをつむぐ生活づくり～保育環境としての自然を見直す～』平成18年度研究紀要2007年，p.88-89を一部改変）

3 実践事例

1．短期指導計画（週案）から実際の保育へ

（1） 前週の週案から，今週の活動の立案と環境構成をする

　週案を立てる際には，その前週の活動に対する評価や反省を反映するようにしている。図・表4-8の事例は，5歳児になって初めて扱える遊具にかかわる様子，友達関係の状況をとらえながら，翌日や翌週の活動の立案と環境構成の再構成に生かしていった記録の一部である。

　反省の中には，その週のねらいと内容を意識したことに関しての評価や反省を書き記す。その日のうちに，実態に応じて再構成した環境や援助について書き記すことも必要である。翌日の環境や援助につなげること，翌週に反映させること，次回にその活動をする際に生かすべきこと，と書き記すことは多い。

　しかし，量が多いと負担も多く，続かないことや疲れてしまうことは問題である。あったことを羅列するのではなく，援助の手がかりになることや，環境を変えた理由，予想に反したこと，失敗したが次回に生かせることなどを選別して簡潔に記載することが，自分のためのものとなる。惰性で書くのではなく，自分なりの思いをもって，記録することが大事である。

　図・表4-9は前週の反省をもとに立てた翌週の週案である。反省からとらえた課題をどのように解決していくかを考え，環境構成に反映させていく。矢印は，どの課題がどの環境構成や援助とつながっているかを示す。年間指導計画から押さえた内容やねらいがどのように実態とつながっているか確認していく。

（2） 実態から捉えた課題を，みんなで一緒にする活動を通して解決する

　前週の反省より…2年保育の新入児も安心して生活できるようになってきた。しかし，昨年から気になっていた3年保育のA児に対して，一目を置くような態度が新たに気になる。新入児の5名がどの幼児もA児とかかわりたがっている。A児は4月生まれで会話もはっきりとしており，運動面も優れている。

　B児は2年保育で入園し，最初は母親と離れられずに泣いて過ごすことが多

かった。6月に入り，ようやく幼稚園生活にも慣れ，周りが見えるようになってきた。最近は3年保育のA児のことが気になり，近くに行ったり園庭でサッカーごっこをして遊ぶときに，黙ってついて行ったりすることが多くなった。

そこで，みんなで一緒にする活動の中で，A児とかかわる楽しさを感じられるようにしながら，他の幼児とのかかわりがもてる活動を取り入れていきたいと考え，ネコとネズミの「**助け鬼ごっこの活動**」を計画した。

〈事 例 4-1〉

3年保育4歳児30名　6月初旬

B児は活発なA児の動きにはついていかれず，しょんぼりと戻ってくることが多かった。一方，A児と遊びたがる幼児が多く，常に7，8人の男児が群れていたが，実際はこの人数では遊びが成り立たず，A児も困惑していた。

片づけの後，新しい鬼ごっこをすることを伝えると，ある女児は，「やりたくない。追いかけられるの，いや。」と言う。「じゃ，先生と一緒に追いかけるほうをやろう」と言うと，「わかった」と，カラー帽子をかぶり園庭に出た。

助け鬼ごっこのネコは追いかけるほうで8，9名。ネズミは逃げるほうで20名強。タッチすると捕まったことになり，ネコの家に入れられてしまう。しかし，「たすけてー」と言って待っていると，仲間のネズミがやってきて，1人だけ助けネズミの家まで連れ帰ってくれ，復活する，というゲームである。

慣れないうちは，助ける方が上手でなくても守りが甘いので，どんどん捕まりどんどん助けられて面白い。捕まっても助けられることがわかると，勇気を出して助けようという気持ちになるようだ。A児はネズミになり積極的に助けようと動くので，捕まる回数も多い。B児はA児の動きをよく見ているため，A児が捕まるとすぐに助けに行き，手をつないでうれしそうに戻ってくる。

あまりにも何度も助けられたため，A児もB児のことを見るようになり，「ありがとう，Bくん，」「Bくん，たすけてー」というかかわりが生まれた。普段，A児を取り巻く幼児たちは，意外とA児のことは気にしていない。逃げること，追いかけること，助けることに夢中であった。この活動は，遊びたい幼児と接点をもつよいきっかけにもなり，また，楽しいことを見つけてじっくり遊びこむためにも，この時期にふさわしい活動なのだと感じた。

図・表4-8　週案の反省（5歳児）

日案の反省・評価

	5月7日（月）	5月8日（火）
生活の流れ	好きな遊びをする 得意技見せっこ（鉄棒・縄跳び） 弁当 壁面ことり作り 絵本『キャベツくん』	好きな遊びをする 壁面製作の環境 土作り 弁当 安全指導
反省・評価	先週から引き続き、キングブロックで遊ぶことを楽しんでいる。小さな電車から友達と協力して大きな電車を作るなど遊び方に変化が出てきた。ここでの年少児とのかかわりは多いが、運転席をとられたり、形を勝手に変えられたりして、思うように約束を守ってくれない年少児に怒り出す幼児もいる。優しく接することは基本だが、その中でも困ること、して欲しくないことははっきりと伝えていけるように、声をかけていった。 　鉄棒に挑戦している幼児が多くなってきたので、みんなの前で見せ合う時間を作った。自分の得意技を見せよう、と投げかけたので、難しい技よりもぶたのまるやきやこうもり、など、簡単なものを見せることを喜んでいた。まだ、取り組みに個人差があるので、**何回かこうした見せ合いをしながら、互いの動きが刺激になるようにしていきたい。** 　弁当後に明日から投げかけることりの試作品を作っていたら、何人もなに作ってるの？とのぞきに来て、できあがるとかわいい！私もつくりたい！と盛り上がり、結局準備はあまりしていない中で、今日から作り始めることになった。でもやりたいという意欲を持って取り組み始めるのはいい姿か。壁面、というよりも人形のようにしてえさやおうちを作ることを楽しんでいた。	今日から壁面製作の環境を出す予定だったが、昨日の弁当後にすでに出し始めたので、**昨日やりたい、と言っていた幼児が早速取り組み始めた。やらなければいけない課題、というよりも、作ってみたいもの、として意識**している幼児が多く、一人で何匹も作る姿も見られた。切って、組み立てて、貼り付けるだけの作業なので、教師がそばについていなくても作る姿が見られた。 　土作りを弁当前に行ったが、片づけが終わった幼児からやろう、と声をかけると、結局ほとんどの幼児が集まってしまい、全員の土作りになってしまった。全員に経験してもらいたい活動でも、人数が多すぎるとシャベルを持てない幼児や場所が狭くてできない、だから、鉄棒やロープネットで遊び始めてしまう、という姿も出てきて、**あまりよくないようだ。好きな遊びの中で数人と共通のプランター分の土作りをして、学級分の土のみ、学級で行うほうがいいか？**

前日の実態から、翌日の予定の変更、調整をする。

幼児の実態から、環境の再構成や、素材の提示などをする。

次回の土作りに、反省を生かしていく。

5月9日（水）	5月10日（木）	5月11日（金）
好きな遊びをする	好きな遊びをする	好きな遊びをする
絵本『もりのへなそうる』	苗植え 弁当 チャボ当番 絵本『キャベツくんとブタヤマさん』	身体測定 11：00〜 ホール
<u>土作りをしたため，虫が多く出てくるようになり虫探しをする幼児が増えた。</u>年少のときからだんご虫やミミズ，ハサミムシをよく捕まえてきたが，今回も飼育箱に土やえさになる落ち葉などを入れて集めていた。（A・B児）自分たちで絵本や図鑑を見て，食べ物を調べたり住んでいるところをみたりする姿も出てきたので，図鑑ってすごいね，便利だね，と認めていった。 年少の頃から絵本はたくさん読んできたが，年長になって入ってきた4名は読んだことがない絵本が多く，<u>経験に差が出てしまう。</u>繰り返し<u>読んでも面白い本は，年長でも再び読んでいきたい。</u> 〔経験の差に対する配慮は，今後他の活動でも，必要である。〕	ことり作りがまだだったC・D・E児が，自分から作り始めた。まだだったな，という意識が少しでもある様子で，課題として感じているようだ。 **キングブロックで電車ごっこをしていたF・G・H・I は，駅に電車が入ってくると「おなかがすいたなあ」と言い，駅で買えるたこ焼きを作ろう！と作り始めた。なんでたこ焼き？　でも，そろそろ電車を作るだけの動きでは満足しなくなったのだろう。遊びに発展を求めている様子が見られる。一緒にたこ焼きの材料になるような素材を探し，作ってごちそうになるまで同じ場で楽しんだ。** J児は，もも組の幼児と仲よくホールで遊んでいることが多い。そのため，片付けの声をかけそびれることが多く，保育室が終わった頃に，あれ，片づけだったの？と戻ってくることがあり，反省。もっとよく場を把握しておかなければ。 <u>土作りをした花壇にサツマイモの苗を植えた。</u>弁当後チャボ当番があり，すぐに来られず，年少の降園時間と重なってしまったが，よく話を聞いて，植えていた。	朝から暖かいので，砂場は大盛況だ。裸足になってK・L・M・N・O児が水を使って楽しんでいた。朝，遊びだしを見ていられなかったので確認できなかったが，5人とも脱いだ靴を砂場の中に置いていて，砂まみれの中遊んでいたので，改めて場所と脱ぎ方を伝えていった。そういえば，全体には靴の脱ぎ場所を知らせなかったか？環境の使い方を，もう一度振り返って伝えていきたい。 P児はなかなか自分の思いを言えずにいたが，<u>今週は少しずつ頑張っている。表情が曇っているときに，「どうしたの？何か言いたいことあるの？」と聞くと，たいてい思いがあってそのとき伝えていく姿がある。一人では言えなかったり，きっかけがつかめなかったり，要因はいろいろあるが，こうした援助を繰り返していくことで，自分からはっきりと言えるようになる。</u> 〔個人の課題を見つけ，そのための具体的手だてを考える。〕

図・表4-9　週案

5歳児
5月14日（月）～5月18日（金）

	14日（月）	15日（火）	16日（水）
生活の流れ	好きな遊びをする 弁当（○×公園） その後公園で遊ぶ チャボ当番	好きな遊びをする 巧技台の説明をする 弁当 安全指導	好きな遊びをする 歯科健診
前週の幼児の実態	《遊びへの取り組み》 ・天候のよい日が続き，戸外で遊ぶことを楽しむ幼児が増えてきた。砂場で水やホース，板などを組み合わせて使って，気持ちよさを味わっている。 ・壁面製作で作ったことりを，遊びのなかでも使おうとする幼児が多く，ことりの家を作ったり，えさや，お友達を作って楽しむ姿が見られた。 ・玄関で駅を作り，電車ごっこを始めたことから，キングブロックを環境に出し，使い始めた。好きなように組み合わせるうちに，自分ひとりの車から長くつなげてみんなで乗る電車に変化させたり，形を工夫したりして楽しむ姿が見られた。 《人とのかかわり》 ・玄関でキングブロックを使って電車ごっこを始めたことで，年少児も興味をもってかかわってくることが増え，後ろに乗せたり，駅で切符を売ったりすることを楽しんでいる。しかし，思うように動いてくれる年少児ばかりではないので，運転席を取られたり，形を変えられたりしてトラブルになることも多い。自分たちで遊び方やきまりを知らせていく様子は見守っているが，遊びが壊されそうになったときは教師が間に入り，年少児を止めている。 ・壁面製作で作った小鳥を，友達同士で教えあう姿が見られた。 《集団での取り組み》 ・鉄棒や縄跳びなど，得意なことをみんなの前で見せ合う機会を作ったことで，今までやったことがなかった技に挑戦したり，友達のように自分もやってみたい，と繰り返し取り組む姿が出てきた。		

				園長印		主任印		担任印	

17日（木）	18日（金）
公園遠足	好きな遊びをする 絵の具を使って経験画を描く

ねらい	○ 気の合った友達と一緒に遊ぶ中で仲間としてのつながりを感じ，嬉しさを味わう。 ○ 体を十分に動かして遊ぶ楽しさを感じる。
内容	・友達と一緒に遊んだり活動したりすることで，友達とのつながりを感じる。 ・友達からの刺激を受け，自分なりに試したり挑戦したりする。 ・自分の思いを伝えたり，相手の考えに耳を傾けようとする。 ・種まきや水やりをしたり，苗の生長を楽しみにしたりして栽培物への関心をもつ。 ・みんなと一緒にルールのある遊びを楽しみ，学級のつながりを感じる。 ・巧技台の組み立て方，扱い方を知り，安全に気をつけながら遊ぶ。 ・遠足に期待をもち小動物に触れたり見たりすることを楽しむ。 ・楽しかった遠足の思い出を自分なりに表現する。
環境の構成と教師の援助	○友達とのつながりを感じられるように ・一緒に遊んでいる相手を意識し，声をかけたり，了解を得たりするように，必要に応じて教師が仲介をしていく。 ・友達が工夫している様子，頑張っている様子，できるようになったことなどを学級の中で知らせたり，励ましたりすることで，刺激を受けあえるようにし，自分もやってみようとする意欲をもてるようにしていく。 ○新しい遊具に興味をもち，使って遊ぶことを楽しめるように ・巧技台の使い方を集合時に知らせ，共通理解できるようにしていく。 ・使い始めるときは必ず教師が近くで見たり，金具の止め方が確実かどうか確認していき，安全に留意していく。 ○身近な自然に興味をもち，かかわりを楽しめるように ・花の種を植えたり，ジャガイモの雑草を抜いたりしながら，興味をもち，生長を楽しみにしていく。 ○遠足を楽しみにできるように ・あらかじめ，どんな動物がいるか話をしたり，写真を見たりして楽しみにできるようにしていく。 ・遠足後は，見てきて面白かった動物を，絵の具を使ってのびのびと描くことを楽しめるように環境をつくっていく。 ○学級のみんなと遊ぶことを楽しみながら学級のつながりを感じられるように ・天気のいい日には積極的に戸外に出てみんなで体を動かして遊ぶ楽しむ時間を作る。（助け鬼，色鬼，子増やし鬼など）

2．教育課程・長期指導計画から実際の保育へ

■教育課程から週のねらいを位置づける
教育課程より

　幼稚園教育要領の改訂で，幼稚園と小学校の滑らかな接続について明示された。そのことを受け，本園の教育課程のなかでも，接続にかかわる指導の重点が明記された。特に５歳児の指導において，協同的な活動を通して友達の気持ちに気づくことや，自分の考えをわかりやすく伝えることについても，ねらいの項目として挙がっている。

　このことについては，発達段階に応じた形で経験していくことができるように計画を立て，年間指導計画，期のねらい，週のねらい，と位置づけていくことが大切である。

年間指導計画より

　年間指導計画のなかで，５歳児の生活において，グループでする活動を取り入れることを位置づけている。具体的な活動については，その意味合いを理解し，各担任が工夫して選定している。

- 生活グループとして活動し，各学級で決めたことを定期的に行う活動
  （食事の際のお茶当番，飼育・栽培にかかわる当番・出席調べなど）
- その活動ごとに意図的なメンバーで行う活動
  （ゲーム，共同製作，身体表現，鬼遊び，行事の中での運営，係活動など）
- 偶然できた仲間と，行う活動など

５歳児Ⅱ期のねらいと内容として

- 学級の友達やグループの友達と一緒に動くことを楽しみ，つながりを感じながら，自分なりの力を出していく。
- グループの活動のなかで，自分の考えを出したり友達の考えを聞いたりする。

いう項目がある。そのことを，週のねらいに具体化していく。

週のねらいの一つに

　グループの友達と泥粘土で動物園を作るなかで，自分の思いや考えを表現し

たり，互いの動きを意識し受け入れたりしていくということをねらいとして押さえ，計画を立てた。

〈事 例 4-2〉

3年保育5歳児22名　6月中旬（Ⅱ期）
　この週は，火曜日に動物園に遠足に行き，たくさんの動物を見た経験から，友達同士でそのことを話題にする姿が見られた。
　特にC児は，キリンの舌が驚くほど黒く，長かったことが印象深かったようで，周りの友達にも「キリンのべろ，すごーく長かったよね！」と，意気揚々と話していた。D児は，なかなか動かなかったカバが，立ち去る直前に大きな口をあけ，歯がたくさん見えたことに感激した様子で，何度も「あきらめなくて，よかった。ずっと見てたら，動いてくれた！」と話してくれた。この感動を誰かに「伝えたい」「共感してもらいたい」という気持ちがうかがわれた。
　木曜の昼食前に，泥粘土で動物園を作る計画を立ててあった。4人ずつ5グループに分かれ（今回は生活グループ），かなりたくさんの量の泥粘土を用意した。まず，プレートの中央に大きな粘土の塊を積み，「グループの仲間で動物園を作ろう」と投げかけた。
　泥粘土は，それ以前に少量のもので遊んだ経験はある。しかし今回のようなたくさんの量は初めてなので，それだけで興奮している。まずはその山からむしるように粘土を取り，握ったりたたいたりという動きを楽しんだ。
　そのうちに，C児が，「ほら，キリンだよ！べろが，長いぞ」と，舌が誇張された大きなキリンを作った。それに触発されるように，D児は「見て，カバだよ」と言ってカバを作り，「カバはね，ほんとは人が見てると起きないんだよ。でもね，私が『起きて』って思ったら，通じたんだよ！」と言いながら，できたカバの口の部分を両手で割いて開き，大きな口にした。
　しばらくは，めいめいが自分の見たものや，作りやすいものを作る。その姿を，教師は見て回りながら，「このとき，どうだったの？」などと話しかけ，思いや，状況を出していく援助をしてきた。そして，「ここがカバの池なんだ。あれ，ここにも違うカバがいるのね。家族かな？一緒には住んでいないんだ」と，声をかけた。
　そこで，ピンときたD児は，「ねえ，ここをカバの家にしない？」と自分の目の前を示したが，「いやだ」と間髪をいれずに，別の子に断られてしまった。
　よく見ると，D児の真似をして他の2人も，カバを作っていた。「じゃあ，

写真4-1　粘土で動物を作る様子

　僕のカバ，そこに入れて。お父さんカバにして」「私のは，お姉さんカバ！」
と，結局，D児も，そこに入れることにし，柵を粘土で作って，カバのエリア
を作った。
　そこからは，また，新たなイメージが湧き，「ここがキリンの場所ね」「ここ
は，ペンギンの池にしよう」「モノレールも作らない？」と会話も弾んだ。最
初は自分の作ったものを見せたい，知らせたい，という感じであったが，だん
だん持ち寄ったものを受け入れ合って，1つの「動物園」にしていこうという
思いが出てきた。
　子どもたちはどのグループも熱中し，1時間半ほど続け，「そろそろ，お昼
ごはんにしましょう」との声かけにも，「もう少し……」という感じであった。
食事のために切り上げたが，それはそのまま残しておき，食後にまた，やりた
い幼児は取り組んでいた。その日の降園前に，みんなで片づけ，容器に入れな
がら，「今度作るときは，池とか作って，船も作りたいな」「そうだね，」など
と，話していた。

　5歳児の最初の時期のグループの活動は，イメージの手がかりが必要である。
「一緒に行った動物園」という共通の体験があってこそ，イメージが伝わりや
すくなる。遠足や，みんなで一緒にする活動は，遊びや活動のイメージをつな

ぐ大きな役割があるのである。

また,活動の内容も発達に応じたものがある。今回のような持ち寄りの製作は,まず,個の活動が保障され,それを受け止め合って寄せ合うことで,充実感を味わうことができる。

演習問題

A. 長期の指導計画,短期の指導計画には,どのようなものがあるか挙げ,指導計画を作成する手順を説明してみましょう。

B. ごっこ遊びなどを観察して記録をとり,次のことを考えてみましょう。
①遊びの中で子どもが楽しんでいたことは何か。
②明日も同じ遊びが続くとして,どのような展開になるか予想してみよう。
③さらに充実した遊びとなるような物的環境や人的環境はどのようなものか。

C. 本文中の資料を参考にしながら,年齢や時期を設定して,日案を作成してみましょう。登園から降園までの一日の流れを予想するとともに,一つひとつの遊びや活動に対して,どのような環境を構成したらよいか,書いてみましょう。

5章　保育課程と指導計画の関連性

　保育所保育指針の告示（平成20年3月）を受け，これまでの「保育計画」が「保育課程」に改められた。また，子どもを取り巻く社会環境や家庭のニーズの変化により，「保育」全体の質の向上がより一層求められている。

　保育所全体で連続性と一貫性をもって保育に取り組み，子どもたち一人ひとりの育ちを保障するべく保育現場の日々の実践を有効にするために，「保育課程」および「指導計画」はなくてはならないものといえる。そして，保育所の理念・方針・目標を全職員が共通認識し，保育実践の振り返りや自己評価をすることが保育全体の質の向上，専門性の向上を図ることにつながるのである。

　この章ではこれらの重要性とその内容について述べる。

1　保育課程とは

　「保育所保育指針」の改訂が告示され，平成21（2009）年4月より施行されたことにより，これまでの保育計画の内容や名称が見直され，「保育課程」となった。この経緯を振り返ってみると，これまでの保育計画は指導計画の存在のかげに隠れ軽視されやすかったこと，また名称も指導計画と混同してしまう場合が少なくなかったことが挙げられる。

　保育の質の向上が求められている今日，地域性や社会のニーズをとらえつつ，それぞれの保育所独自の理念や目標を柱に保育所全体で，組織的に計画的な保育実践を図ることが重要であるといえる。これまでは保育士の人間性や経験によって保育の展開に多少の違いが生じていたことは否めなかった。

　しかし今後，保育所全体のレベルアップにつなげていくためには，職員全体

がそれぞれの力を十分に発揮しながら,共通認識をもつことが大切になる。それらのことを踏まえ,保育所保育指針の改訂に伴って,すべての計画の上位に保育課程が位置づけられたのである。

社会が目まぐるしく変化している現代,とりわけ,子どもの生活環境においては,保護者の子育てに関する不安や悩み,養育力の低下や児童虐待の増加などが指摘されている。また,母親の就労意識の高まりから,保育所への期待は高まる一方である。これらの社会状況を受け止め,保育所の役割や機能を再確認し,保育内容の一層の充実を図り,質の高い保育を行っていくことが求められている。

1. 保育課程の意義と必要性

保育課程とは,保育所の理念や目標を達成するために,子どもたちの心身の発達をとらえ組織的および計画的に養護と教育を行うすべての計画の上位に位置づけられるものである。養護とは保育者がなすべき生命の保持と情緒の安定に関する事項である。

また,教育は子ども自身が主体的に身につけることが望ましい事項であり,「健康」「人間関係」「環境」「言葉」「表現」の5領域に示されているねらい・内容を踏まえて構成される。そして,各保育所の創意工夫によるこの保育課程の編成は,一人ひとりの職員の人間性や専門性を高めるとともに,保育所の保育の質の向上に不可欠なものであるといえる。

大切なことは,保育所の理念,方針,目標を明確にし,全職員の共通認識をより一層深めることであり,目指すべき子どもの姿を明確にすることである。つまり,入園から就学前までの保育の大綱を示した保育課程を基に,小学校以降の生活や教育へのつながりをも念頭に置いて,話し合いがもたれることが望ましい。

保育所では,子どもの生活環境や成育歴,また保育時間や保育期間も一人ひとり異なる。保育にあたる職員も保育士をはじめとするさまざまな職種や勤務体制で構成される。そのなかで,乳幼児期に共通する発育・発達の過程を基盤に子ども,家庭,地域の実態をとらえ,保護者の意向にも配慮し展開できる保

図・表5-1　保育の計画

```
┌─────────────────────────────────────────────┐
│   児童の権利に関する条約・児童福祉法・児童憲章   │
└─────────────────────────────────────────────┘
                    ↓
        ┌─────────────────────┐
        │    保育所保育指針      │
        └─────────────────────┘
                    ↓
   ┌─────────────────────────────────────┐
   │   保育所の保育理念・保育方針・保育目標   │
   └─────────────────────────────────────┘
                    ↓
```

保育の計画

保育課程

　保育課程は，各保育所の方針や目標に基づき，第2章に示される子どもの発達過程を踏まえ，第3章に示される保育のねらい及び内容等から編成。
保育所保育の全体像を描き出したもの。
◎各保育所の子供・家庭・地域の実態，保護者の意向を踏まえ，各保育所の特色・創意工夫を反映させる。

　　　　　　　　　　　　　　　　　　　　〜密接に関連〜

食育の計画・保護者支援，地域子育て支援・保健計画

↓

指導計画

　保育課程に基づいて，保育目標や保育方針を具体化する実践計画。具体的なねらいと内容，環境構成，予想される活動，保育士等の援助，家庭との連携，次の改善に向けた反省や評価等で構成される。
◎保育所の特色・創意工夫は，指導計画において具体的に表れてくる。

長期的指導計画（年間，期，月）
短期的指導計画（週，日）

※3歳未満児については，個別の指導計画（保育の個別計画）を作成
※障がいのある子どもについては，家庭や関係機関との連携した支援のための計画を個別に作成（とくに配慮の必要な子どもについても同様）

（出典：全国社会福祉協議会編「保育の計画」『実践から学ぶ保育所保育指針』全国社会福祉協議会出版部，2009年，p.45）

育課程を立てることが重要である。

2．保育課程編成の実際

　保育課程の編成は施設長や主任保育士のリーダーシップのもと，全職員が参画し，共通理解と協力体制のもとに創意工夫し，編成していくことが必要である。そのうえで，子どもの心身の発達過程や家庭および地域の実態に即した，子どもの育ちに対する願いが込められた「保育目標」が設定される。

　保育課程は子どもの最善の利益を第一義にすることを前提として，「保育所保育指針」の第2章に示されている「発達過程」を踏まえ，第3章に示されている保育の「ねらい」および「内容」から，各年齢にふさわしい「ねらい」と「内容」で構成される保育の全体像であり，その意味からそれぞれの保育所が独自に編成するものである。

保育課程編成の手順について（参考例）
① 保育所保育の基本について職員間の共通理解を図る。
　　児童福祉法や児童に関する権利条約等関係法令を理解する。
　　保育所保育指針，保育所保育指針解説書の内容を理解する。
② 各保育所の子どもの実態や子どもを取り巻く家庭・地域の実態および保護者の意向を把握する。
③ 各保育所の保育理念，保育目標，保育方針について共通理解を図る。
④ 子どもの発達過程を見通し，それぞれの時期にふさわしい具体的なねらいと内容を一貫性をもって組織するとともに，子どもの発達過程に応じて保育目標がどのように達成されていくか見通しをもって編成する。
⑤ 保育時間の長短，在所期間の長短，その他子どもの発達や心身の状態及び家庭の状況に配慮して，それぞれにふさわしい生活の中で保育目標が達成されるようにする。
⑥ 保育課程に基づく保育の経過や結果を省察，評価し，次の編成に生かす。

　たとえば「保育所保育指針」の第5章の3「食育の推進」には，「（2）乳幼児期にふさわしい食生活が展開され，適切な援助が行われるよう，食事の提供を含む食育の計画を作成し，保育の計画に位置付けるとともに，その評価及

改善に努めること。」と，記されている。また，第3章の「保育の内容」にも食育に関する事項が含まれていることもあり，保育課程および指導計画の中に組み込み，展開されることが必要である。

　同様に，保育課程の編成にあたっては，その根幹ともいえる保護者支援・地域子育て支援や，保健計画なども盛り込み，さまざまな領域との関連をもって展開されるよう配慮することが必要である。

　ここでは，保育事業の全体像を示す資料（図・表5-2）と，それを基に作成した実際の保育所の保育課程の一例（図・表5-3）を示す。あくまでも，参考のための一例である。保育課程は，保育内容や子ども・地域・家庭の特性によって，それぞれの保育所によりおのずと異なってくるものである。

　この保育課程から1場面を抜き取って考えてみたい。

　ねらいの記述の中から，言葉に関連した部分を発達とともに追って読み取ると，「言葉を収得し，言葉を使うことを楽しみ，自分の思いを言葉で表し，相手の言葉を聞こうとする態度を身につけ，人と話し合うことができるようになる。」と，発達を遂げていくねらいが示されている。

　たとえば集団生活の中で，子どもたちの中にいつのまにか言葉や力による上下関係ができてしまったとする。自分の使っていた玩具を活発な子に「貸して」と言われ，すぐに手放してしまう子を見た時「すぐに貸してあげてえらいね。」という声かけで終わらせてしまうのか，それとも「もう貸してあげていいの？本当はまだ使いたかったんじゃないの？」と子どもの側に立ち，心に寄り添う努力をするのかは，これまで保育士の人間性や経験により異なる部分であった。

　この保育課程のねらいからすると，その子どもがまだ玩具を使いたかったのに，友達に怒られたり，手を挙げられたりすることを予測して自分の気持ちを我慢しているとしたら，子どもが自分の気持ちを伝えたり，話し合ったりする場面を与えることが大切なかかわりとなる。また，相手の子どもにも，友達の思いや，話を聞くという指導が必要になる。このように，職員全体で協議したうえで立てられたねらいであれば，どの保育士でも共通の幼児理解のもと，子どもとかかわることができることになる。

図・表 5-2　保育事業の全体像

保育の理念

すべての子どもは、豊かな愛情の中で心身共に健やかに育てられ、自ら伸びていく無限の可能性を持っている。乳幼児の最善の利益を考慮し、すべての人々の幸せを願い、心身共に健やかな成長を絶えず保障し、その福祉を積極的に増進に努める。

↓

保育の基本方針

①子どもの発達を健やかな育成を保障する（養護と教育の一体化）	②家庭との緊密な連携を図る（保護者への相互理解と支援）	③地域の子育て家庭を支える（地域の子育て支援）	④職員の質の向上
・子どもたちが現在を最も良く生き、豊かに伸びていけるよう発達について理解し、個々の子どもの特性に応じ安全、安心で心を図りながら、充実かつ調和のとれた生活をする。 ・自発的、意欲的に関われるような環境を作り、子どもの主体的な遊びを大切にする。 ・食事は一人ひとりの子どもを大切にすることを原点と考え、楽しくおいしく食べるようにするなど、生活リズムを大切に、家庭との連携をとる。 ・生命あるものとの出会いを通して、子どもに強く優しく生きる力を育むことを大切にする。	・子どもを取り巻く環境の変化に対応して、育児と仕事の両立に不安を抱いている保護者が安心と喜びを体得し、育児と就労の中で自己実現を得ようとしている保護者の支援をする。 ・保護者とともに子どもの成長の喜びを共感する。 ・保護者の養育力の向上に資するように支援をする。	・核家族化や少子化が進み、家庭で子育てをしているお母さんの中には、育児にストレスを感じていたり、友だちを求めていたり、子育てに不安や悩みを持っている人がたくさんいる。 ・そこで、子どもと一緒に生活を楽しみながら過ごしたいという願いから保育園を利用していただき、保育者と一緒に子育てしながら親に多様な自立支援サービスを充実する。	・職員としての質の高いサービスの提供、様々なニーズへの対応 ・常に社会情勢に目を向け社会の動きに敏感になる。 ・子どもの育ちについて専門的知識、技術判断を持つ。 子どもの発達・生活の在り方食事全般・小児の病気、怪我、自然との関わり・動植物の世話につて特に研修を深める。 ・保育士等の自己研鑽に努める。 ・個人情報、苦情解決、第三者評価についての意味を知り、理解の上で保育に取り組む。 ・保育士等の自己評価に努める。

↑　　　　　　　　　　↑　　　　　　　　　　↑　　　　　　　　　　↑

5章 保育課程と指導計画の関連性——115

保育の目標	就労支援	子育て支援メニュー 支援センター	研修体系・研修計画に基づく
1. 心も体もたくましい子 2. 自らの力で判断し行動できる子 3. 健康な体と感性の豊かな子 ・子どもの思いや願いを生かした保育課程の編成。 ・創意工夫ある指導計画を作成し子どもも主体的に楽しく充実した保育園生活が送れるよう努める。	・産休明け保育 ・延長保育 ・障がい児保育 ・アレルギー児への対応（除去食） ・育児相談、苦情相談 ・保護者会、おとうさんのOB会 ・祖父母との交流 ・保育参加週間 ・個人面談 ・懇談会 ・連絡帳やおたより、掲示ボードを使って子どもの日々の様子を丁寧に伝える ・育ちの記録	・園庭を遊び場として開放 ・年齢別の集い ・土曜日のひろば ・育児相談 ・育児講座 ・子育てサークル運営・支援 ・ひまわり通信（月1回発行） ・備品貸し出し ・身体測定 ・お誕生日 ・センター行事や保育園行事に参加 ・卒園児のタイムカプセルの日	・職場内実技研究 ・3歳未満児会議 ・3歳以上児会議 ・給食会議 ・ケース会議 ・職場外研修の伝達 ・経験別研修（OJT.OFF.JT.SDS） ・自己研鑽 ・保育所の自己評価 ・第三者評価

こんな保育所に
・明るい保育所
・楽しい保育所
・美しい保育所
・安全な保育所
・信頼される保育所

地域・専門機関との連携
・実習生、ボランティアの受け入れ
・地域小、中学校との連携
・保健センターとの情報交換
・児童相談所、療育センターとの連携
・嘱託医からの情報収集

老人ホームへの訪問
・地域自治会、子ども会との連携
・小、中学生の体験学習の受け入れ
・放課後児童クラブ

こんな地域に
・子どもを見守る地域
・子どもの安全を考える地域
・子どもの成長を願って活動する地域

（資料提供：みつわ台保育園／千葉市）

図・表5−3　保育所保育課程（平成22年度）

保育方針	1　子どもの生活と健やかな育ちの支援 2　仕事と子育ての両立支援 3　地域の様々な子育て支援	保育目標	現在を最も良く生き，望ましい未来を作り出す力を培う。 **具体的目標** ・心も身体もたくましい子 ・自らの力で判断し，行動できる子 ・健康な身体と感性の豊かな子

発達過程		おおむね6か月未満	おおむね6か月〜1歳3か月未満	おおむね1歳3か月未満〜2歳未満	おおむね2歳
ねらい	養護	・養護の行き届いた保健的で安全な環境のもとで，快適に生活できるようにする。 ・一人ひとりの子どもの生活リズムを重視し，生命の保持と生活や情緒の安定を図る。 ・生理的欲求を満たし，生活リズムを整えていくなかで，身体活動，発語が安定し意欲的に進んでいくように援助する。	・生活リズムを整えていく中で，十分な身体活動，言葉の獲得の意欲への援助が進むように援助する。 ・安心できる保育者との関わりのもと，探索活動を通して，十分に聞く，見る，触れるなどの経験をし，興味や好奇心を育む。	・一人ひとりの欲求を十分満たし，生命の保持と情緒の安定を図る。 ・安心できる保育士との関係の下で，大人や子どもに関心を持ち関わろうとする。 ・基本的生活習慣を身に付ける。 ・元気に身体を動かすことを楽しむ。 ・保育士の話しかけや，絵本などの読み聞かせなどにより，発語が促され，言葉を使うようにする。 ・身近な音楽に親しみ，それらに合わせた体の動きを楽しむ。	・安心できる保育士との関係の下で，身の回りの活動を自分でしようとする。 ・保育士と一緒に色々な運動遊びを楽しみ，好きな遊びを通して友だちと関わって遊ぶ楽しさを味わう ・身の回りの物や，小動物，植物に触れたり，話を聞く中で興味や関心を持つ。 ・保育士を仲立ちとし，ごっこ遊びを楽しむ。 ・興味のあることや経験したことなどを，保育士とともに自分のしたいこと，して欲しいことを言葉で表したり，自由に表現する。
内容	教育（健康・人間関係・環境・言葉・表現）	・室内外の環境に十分留意し，一人ひとりの子どもの心身の発育や，健康状態を的確に把握し対応する。 ・一人一人の子どもの生理的欲求を十分満たし，保育士の愛情豊かな受容的な関わりにより，気持ちのよい生活ができるようにする。 ・身の回りの清潔，生活リズムを大切にしながら，睡眠の安定，心地よさを感じる事が出来るようにする。 ・子どもに優しく語りかけをしたり，歌いかけたり，泣き声や喃語に答えたりして，保育士との関わりを楽しいものにする。 ・保育士との安定した関わりの中，身体活動や，聞いたり，見たり，触ったりできる遊びを楽しむ。	・保育者との信頼関係のもと，十分な一人遊び，身体活動，模倣することを楽しむ。 ・喃語や片言を優しく受け止めてもらい，発語や保育士とのやりとりを楽しむ。 ・歌やリズムに合わせて手足や体を動かして楽しむ。	・一人一人の子どもの生活リズムを大切にしながら，清潔，休息，排泄においての心地よさを感じる事が出来るようにする。 ・保育士に見守られ，好きな玩具や遊具，自然物に自分から関わり戸外遊びを十分に楽しむ。 ・保育士の話しかけを喜んだり，自分から片言で喋る事を楽しむ。 ・興味ある絵本を保育士と一緒に見ながら，簡単な言葉の繰り返しや模倣をしたりして遊ぶ。 ・保育士と一緒に歌ったり簡単な言葉をしたり，体を動かして遊ぶ。	・生活環境を常に清潔な状態に保つとともに，身の回りの清潔・安全・生活習慣が少しずつ身につくようにする。 ・保育士の仲立ちとして，共同の遊具などを使って遊んだり，全身を使う遊びや，手や指を使う遊びをする。 ・身の回りの小動物，植物，事物などに触れる中で，探索や模倣などをして遊ぶ。 ・絵本や紙芝居を楽しんで見たり聞いたりし，繰り返しのある言葉の模倣を楽しむ。 ・保育士と一緒に歌ったり，リズムに合わせて体を動かしたり水，砂，土，紙などの素材に触れて楽しむ。
食育		・ゆったりとした関わりの中で，優しく言葉をかけながら授乳を行う。	・自我の芽生えを大切に食べたいという意欲を育てる ・食事のリズムを整えて，生活リズムを確立する。 ・個々の発達に合わせた離乳の進め方をする。	・様々な食品や調理形態に慣れ，楽しい雰囲気のもとで食べることができる。 ・食物アレルギーなど個々に対応する。	・楽しい雰囲気の中で，食事の仕方がわかり，自分で食事をしようとする気持ちが育つ。 ・園庭の野菜に興味，関心を持つ。

5章　保育課程と指導計画の関連性——117

子育て支援	家庭	・親の子育てに対する負担や不安，孤独感の増大などの養育機能の変化に対し，日頃から安心して悩みを打ち明けられるような環境，態度に心がけ，支援をしていく。 ・子どもの成長を伝え合い，子育ての楽しさを共感できる関係を作っていく。 ・虐待などの早期発見に努め，地域の医療，保健，福祉機関などとの連携を図る。
	地域	・育児相談　・保育園の行事の紹介（夏祭り・運動会・など）　・地区祭りへの参加（年長） ・散歩での地域交流　・地域の小学校運動会参加　・三園交流　・特別養護老人ホームへの訪問 ・子育て支援センターとの交流　・卒園児のタイムカプセル　・ホームページでの情報提供

おおむね3歳	おおむね4歳	おおむね5歳	おおむね6歳
・生活に必要な基本的な習慣や態度を身に付ける。 ・異年齢児の子ども達と遊ぶ楽しさを味わう。 ・身近な人と関わり，友だちと遊ぶことを楽しむ。 ・身近な動植物に触れ，十分に遊ぶことを楽しむ。 ・自分の思ったこと，感じたことを言葉で伝え，保育士や友だちとのやりとりや，ごっこ遊びを楽しむ。 ・自分の思いや気づいたこと，感じたことを様々な方法で表現する。	・健康，安全に過ごすために生活に必要な，基本的な習慣や態度を身に付ける。 ・友だちとの関わりを深め，集団で活動することを楽しむ。 ・身近な動植物に触れ，興味，関心，愛情を持つ。 ・人の話を聞いたり，自分の経験したことや思っていることを，言葉で伝え楽しさを味わう。 ・感じたことや思ったこと，想像したことなどを，様々な方法で自由に表現する。	・自分でできることの範囲を広げながら，健康，安全など生活に必要な習慣や態度を身に付ける。 ・周りの人の関わりの中で，社会生活に必要な態度を身に付け，思いやりや感謝の気持ちを持つ。 ・身近な動植物に親しみを持ち，様々な活動に取り組む楽しみを持つ。 ・意欲的に言葉で表現し，相手の話す言葉を，聞こうとする態度を身に付け伝え合う喜びを味わう。 ・感じたこと，思ったこと，想像したことなどを，自由に工夫して表現する。	・体や病気について関心を持ち，健康，安全に必要な基本的な習慣や態度を身に付ける。 ・身近な人との関わりの中で，人の立場を理解して行動する。 ・身近な動植物に自ら関わり，発見をしたり，考えたりして生活に取り入れようとする。 ・人と話し合うことや，身近な文字に親しみを深め，読んだりすることの楽しさを味わう。 ・感じたことや，考えたことを自分なりに表現し，豊かな感性や表現する力を養う。
・保育士の手助けにより，身の回りを清潔にし，衣類の着脱，食事，排泄など，生活に必要な活動を自分でしようとする。 ・色々な運動遊びを楽しむ中で，体を動かす楽しさを知る。 ・身近な友達や異年齢児と生活する中で，思いやり，いたわりの気持ちを持つ。 ・身の回りの小動物，植物，事物などにふれあう中で，様々なことに気づきいたわりを大切にしようとする。 ・自分の思った事，感じた事を言葉に表し，保育士や友達と言葉のやりとりを楽しむ。 ・絵本や童話などの内容が分かりイメージを持って楽しんで聞く。 ・身の回りの物の音，色，形，手触りなどに気づく。 ・感じたこと，経験した出来事を，ごっこ遊びなどに取り入れたり，リズムに合わせて体を動かしたりして表現することを楽しむ。	・衣類の着脱，食事，排泄など自分から気づきしようとする。 ・進んで体を動かし，色々な運動遊びを十分に楽しむ。 ・身近な動植物や，自然事象に興味や関心を持ち，工夫して遊ぶ。 ・自分の経験したことや，思っていることを話したり，言葉で伝えたりする。 ・絵本，物語などを見たり，聞いたりしてイメージを広げる。 ・身近な生活経験や，ごっこ遊びの中でイメージを豊かにしたり，歌を歌ったり，リズムに合わせて体を動かしたりして，表現することを楽しむ。	・衣類の調節，手洗い，うがいの大切さが分かり進んで行う。 ・色々な運動器具を使って，積極的に友達と一緒に様々な運動遊びをする。 ・身近な動植物に興味を持ち，観察する中で，成長する様子や生態に興味関心を持つ。 ・数量にも関心を持ち，数えたり比べたり計ったりする。 ・自分で考えたこと，経験したことを，保育士や友達に話して会話を楽しむ。 ・絵本，物語などを見たり，聞いたりして，保育士や友だちと話し合う。 ・絵本，物語，歌などを聞いて表現する面白さや美しさに興味を持ち工夫して楽しむ。	・気温や季節に合わせて，適切な休息の取り方，衣類の調節の仕方を身につける。 ・運動への興味も高まり，体を十分に使った活動に意欲的に取り組もうとする。 ・身近な動植物の世話をし，成長を楽しむとともに，命の尊さに気づく。 ・日常生活の中で，数量を理解し，身近にある標識，文字，記号，時間などに関心をもつ。 ・自分の経験したこと，考えたことなどを相手に分かるように話す。 ・絵本，物語などに親しみ，保育士や友だちと心を通わせたり，身近な文字に触れたりしながら文字への興味を広げる。 ・身近な楽器に親しんだり，素材，用具を使い経験したことを想像的に描いたり，作ったりする。
・食事の仕方が分かり，基本的な生活習慣を身につける。	・みんなと一緒に楽しく，ゆったりと食事をする。 ・基本的な生活習慣やマナーを身につける。 ・いろいろな食材に出会い，親しみ，味覚の幅を広げる。 ・バイキング・クッキング活動	・仲間と楽しくゆったりと食べる中で，情緒の安定を図る。 ・食べ物と身体の関係に関心を持ち，健康的な生活を送る。 ・収穫，調理の楽しさを知り，食への興味関心をより深める。	

（資料提供：みつわ台保育園／千葉市）

図・表5-4　保育課程の構成

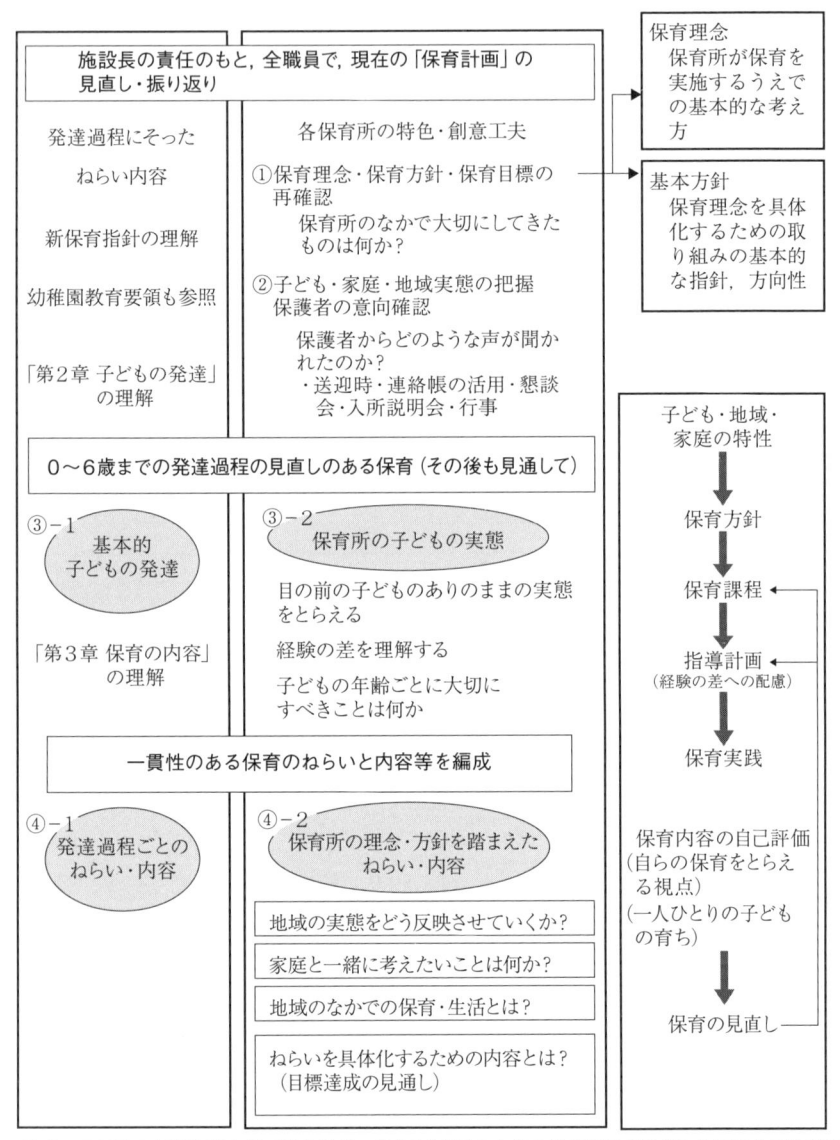

施設長の責任のもと, 全職員で, 現在の「保育計画」の見直し・振り返り

発達過程にそったねらい内容

新保育指針の理解

幼稚園教育要領も参照

「第2章 子どもの発達」の理解

各保育所の特色・創意工夫

① 保育理念・保育方針・保育目標の再確認
　保育所のなかで大切にしてきたものは何か？

② 子ども・家庭・地域実態の把握
　保護者の意向確認
　保護者からどのような声が聞かれたのか？
　・送迎時・連絡帳の活用・懇談会・入所説明会・行事

保育理念
　保育所が保育を実施するうえでの基本的な考え方

基本方針
　保育理念を具体化するための取り組みの基本的な指針, 方向性

0〜6歳までの発達過程の見直しのある保育（その後も見通して）

③-1 基本的子どもの発達

「第3章 保育の内容」の理解

③-2 保育所の子どもの実態

目の前の子どものありのままの実態をとらえる

経験の差を理解する

子どもの年齢ごとに大切にすべきことは何か

一貫性のある保育のねらいと内容等を編成

④-1 発達過程ごとのねらい・内容

④-2 保育所の理念・方針を踏まえたねらい・内容

地域の実態をどう反映させていくか？

家庭と一緒に考えたいことは何か？

地域のなかでの保育・生活とは？

ねらいを具体化するための内容とは？（目標達成の見通し）

子ども・地域・家庭の特性
↓
保育方針
↓
保育課程 ←
↓
指導計画（経験の差への配慮）
↓
保育実践
↓
保育内容の自己評価（自らの保育をとらえる視点）（一人ひとりの子どもの育ち）
↓
保育の見直し

（出典：全国社会福祉協議会編「保育課程の構成」『実践から学ぶ保育所保育指針』全国社会福祉協議会出版部, 2009年, p.46を一部改変）

2 保育課程に基づく指導計画

1. 指導計画の作成上の留意事項

　保育計画は保育課程の目的を有効に実現するために，保育課程に基づいて子どもの状況を考慮し，担当保育者同士が検討し合い作成する。

　具体的かつ実践可能な計画となるよう，長期および短期により子どもの月齢・年齢ごとに養護と教育のねらいと指導内容の全体を示したものが指導計画となる。そして，発達の筋道と，子どもの特質を把握し，必要となる活動が何であるのかをとらえ，そのための環境とかかわり方の方法を明らかにしていく。その構成は具体的なねらいと内容，環境構成，予想される活動，保育士等の援助，家庭との連携等で組み立てられる。

　指導計画では年・期・月などの長期的な指導計画と，それに関連させて，より具体的な生活に即した週・日などの短期的な指導計画を作成する。

長期的な指導計画
　　　ゆったりとした期間の中で，月齢や年齢，保育年数の違いなどを考慮し，季節や行事を踏まえながら，子どもたちが，楽しく豊かな経験ができるように配慮されることが望ましい。
　［年間指導計画］
　　　1年間の見通しを示す保育の計画。これまでの対象年齢をもとに作成されることが多いが，月齢，人数，男女比などによっても違いが出てくるので，定期的に見直すことが大切である。
　［期案・月案］
　　　年間指導計画を基に作成される。（期ごとに計画されれば期案，月ごとに計画されれば月案）その時期の子どもの姿を考慮し，さらに具体的に作成される。

短期的な指導計画
　　　長期的な指導計画から，さらに具体的なねらいと内容の展開を考える。

図・表5-5　0歳児の年間指導計画（例）

年間指導計画と子どもの活動	
年間目標	・ひとりひとりの欲求を満たしながら情緒の安定をはかり，保育者との信頼関係を築いていく。	

期	1期（4月～5月）	2期（6月～9月）
保育のねらい	・家庭との連絡を密にしながら家庭での子どもの生活の仕方を知り，一人ひとりに応じた園生活のリズムを整えていく。 ・なるべく意識的に同じ保育者が同じ子どもの世話をして，信頼関係が持てるようにする。又安定した生活が送れるように環境を整える。 ・機嫌よく過ご笑顔や喃語などの自己表現が活発になるようにする。 ・体調に留意しながらできるだけ外に出て外気浴などをする。	・気温や一人ひとりの体調を十分に把握しながら沐浴や水遊びをたっぷり行い，清潔で気持ちよく過ごせるようにする。又，水分補給に留意する。 ・食べたい，眠りたい，遊びたいという欲求を一人ひとりに応じて満たし満足して過ごすことができるようにしていく。 ・一人ひとりの子どもの甘えたい気持ちを十分に受け止め，触れ合って遊びながら月齢に応じて身近なものへの関心や遊びが拡がるようにする。

個々の子どもの発達に添った指導計画

	産休明け～3か月未満	3か月～6か月未満	6か月～9か月未満
発達と生活	・睡眠と目覚めを一日のうちに何回も繰り返す。 ・空腹になったりオムツがぬれたり異質な音がすると不快を感じて泣く。 ・目の前で動くものを目で追ったり，音のする方に顔を向けたりする。 ・目覚めて機嫌のよい時は手足を盛んに動かしたり人の姿を見て声を出したり，微笑んだりするようになる。	・授乳，睡眠，遊びのリズムが徐々に安定してくる。 ・不快を感じると，盛んに泣いて訴える。 ・うつぶせにすると手で押さえて胸をそらせる。 ・目の前のものをつかんだり，しゃぶったりするなど手足の動きが活発になる。 ・あやすと声をだしたり，「ブーブー」「アー」など盛んに喃語を発する。 ・指しゃぶりなどを経験しながら周りの物をじっくり見つめ口に持っていき確かめる。	・睡眠が2回寝になり，規則的になる。 ・離乳食への移行が進み食べることを喜び食べ物に自分から手を出すようになる。 ・お座りができることで手を伸ばして物をつかんだり持ちかえるなど手の動きが活発になる。 ・ハイハイも見られる。 ・見知らぬ人には泣くが知った人には声を出して関わろうとし，応えてもらうと「アブブ」など反復的な喃語を発する。
保育者のかかわりと配慮	・家庭での生活の仕方を知り，個々の生活リズムに対応できる環境を工夫し，特に睡眠が十分とれるよう静かな環境を作る。 ・授乳する時は，安定した姿勢で抱いて子どもの目を見つめ微笑みかけたりしながら，落ち着いて飲めるようにする。 ・子どもと目を合わせ，音のするおもちゃを振ったり語りかけたりしながらしっかりと注視できるようにしたり発声や笑いを引き出す。 ・子どもの出すサイン（動きや発声，泣き声）や表情を見逃さずに優しく応じ，子どもとのやり取りを楽しむようにする。 ・外気浴，日光浴を一人ひとりの状態に合わせて無理なく行う。	・一人ひとりの体調や発育状況を見ながら離乳食を始める。 ・便の状態や回数を詳細に把握し健康状態の目安にする。又，オムツは細めに取り替えて快，不快がわかるようにする。 ・子どもの出す欲求をその状況に応じた言葉に置き換えてあげながら丁寧に受け止め安定した生活ができるようにする。 ・個々の子どもにとって快い体位で遊ばせながら次第に寝返りや腹ばいの機会を与えていく。 ・動きを目で追ったり，手に持って見たり，なめたりして楽しめるようなおもちゃを用意する。 ・目覚めている時は，目と目を合わせて豊かな表情であやしたり，話しかけたり，歌ったりして保育者との1対1の触れ合いを大切にする。	・先天免疫がほとんどなくなり，いろいろな病気にかかりやすくなるので注意しながら体力づくりを進める。 ・眠るときは子守唄やわらべうたを歌い，安心して入眠できるようにする。 ・個々の発達状態に応じて離乳食を進め，手に持って食べられるスティック状の食べ物やコップを用意して食べることへの意欲を育てる。 ・安全に動けるスペースを確保し，おもちゃや言葉掛けで誘って，運動が楽しめるようにする。 ・おもちゃなどを持って持ち変えたり，振ったりする手の動きが楽しめるようにする。 ・人見知り，不安，甘え，怒りなどの感情表現をしっかり受け止め，特定の人への愛着心や親しみが深まるようにする。
家庭との連携	・これまでの家庭での寝かせ方，飲ませ方，抱き方などを知り，園でも同じように世話をする。 ・新しい生活になじむまでの様子を丁寧に知らせ，園と家庭とで子どもの育ちについて見通しが持てるようにし，共通理解を図っていく。	・離乳食の内容や状況について連絡を密にし，その進め方を園と家庭とで一貫させていく。 ・寝返りやハイハイの準備期なので動きやすい衣服を用意してもらう。	・家庭でも子どもと触れ合って遊んでもらえるように，手遊びやわらべうた，揺さぶり遊びなどをたくさん紹介する。

5章　保育課程と指導計画の関連性——121

平成22年4月1日

0歳児	園長印		主任印		担任印	

・家庭的な環境のなかで家庭と協力しあいながら，子どもの心身の成長，発達を促していく。

3期（10月～12月）	4期（1月～3月）
・身体の動きを活発に，這う，歩く，よじ登る，くぐるなどの全身を使った遊びが十分楽しめるようにする ・気候や体調に留意してなるべく薄着を心がけながら丈夫な身体を作っていく。 ・歩くことで行動範囲を広げ探索活動を楽しみながらいろいろな物に触れて興味関心が持てるようにする。自然に親しむ機会を多く持つ。	・冬の健康管理を十分行う。 ・保育者が仲立ちをして子ども同士で触れ合ったり一緒に遊んだりすることが楽しめるようにする。 ・指差しや片言で自分の思いを伝えようとする子どもの気持ちに言葉を添えて応えていき，自己表現が活発になるように促していく。 ・他の年齢のクラスと関わったり，行事に参加したりしながら進級することに期待する。

9か月～12か月未満	1歳～1歳6か月未満	1歳6か月未満～2歳
・睡眠時間が定まり，生活リズムが整ってくる。 ・自分で食べる意欲が出てきて手でつかんで食べようとしたり，コップを持って飲んだりする。 ・ハイハイからお座り，つかまり立ち，伝い歩きと歩行の準備期としての姿が見られる。 ・小さいものをつまんだり，容器から物を引っ張りだすなどの指先の機能も発達してくる。 ・自分の要求や発見を指差しで表す。 ・「ねんね」「おいで」「ちょうだい」など生活の中でかけられる身近な言葉が分かり，行動する。	・2回寝から1回寝になり，まとまった睡眠がとれるようになる。 ・離乳食から幼児食へも移行し好みもでてくる。 ・歩行が始まり，探索活動が活発になる。 ・大人の模倣が盛んになり，まねっこや「ちょうだい」「どうぞ」などのやりとりを喜ぶようになる。 ・友達に興味を持ち始めそばに行って触ったり，おもちゃを取る等の行動がでてくる。 ・「マンマ」「ワンワン」などの一語文が出てくる。	・生活リズムが安定する。 ・身の回りの簡単なことなど自分でやってみようとする気持ちが出てきて保育者の介助を「いや」と拒んだり自分で選んで決めたがる。 ・歩行が確立し，階段の上り降りや固定遊具で遊ぶことを喜び，両足跳びをする姿も見られる。 ・単語の数も増え，二語文を話すようになる。 ・物の取り合いなど，友達とのトラブルが多くなる反面，友達の名前を呼んだり共感したりしながら同じことをして一緒に遊ぶ姿が見られる。
・離乳食を進め，食習慣の芽生えを大切に見守っていく。 ・保育者が介助用のスプーンなどを用意し，自分で食べようとする意欲を育てていく。 ・一人ひとりに合った移動運動がじっくり楽しめるように斜面や広い空間を用意する。 ・手指の感覚をはぐくむために，つまんだり，容器から出し入れして楽しめる遊具を用意する。 ・親しい保育者との関わりを十分に楽しみ，徐々に他の人や物へも目が向くようにする。 ・「いないいないばぁー」など保育者と向かい合ってする遊びや揺さぶり遊びなど身体を動かす遊びの楽しさを味わわせる。	・離乳食を進め，食習慣の芽生えを大切に見守っていく。 ・食べ物を食べやすい大きさにしたり，口に運びやすいスプーンを用意したりして自分で食べようとする意欲を大切にし，幼児食への移行を促す。 ・個々の状態に合わせて，生活の節目にトイレに誘い排泄に慣れるようにしていく。 ・散歩や外遊びでは安全面に留意しながら歩くことや探索がじっくり楽しめるようにしていく。 ・自我が芽生えてくる時期なので，甘えたい気持ちや要求をしっかり受け止めながら，安心して自分の気持ちを出せるようにしていく。 ・保育者と一緒につもり遊びや手遊びなどをしながら友達と遊ぶ楽しさを知っていく。 ・絵本を読んであげながら簡単な言葉の繰り返しやリズミカルな言葉を一緒に楽しむ。	・生活の中で自分でしようとする行動が増えてくるので，自分でできた喜びが十分に感じられるようにする。 ・滑り台や手押し車，ボール転がしや砂遊び，追いかけっこなど好きな遊びを繰り返し楽しむ中での運動機能の発達を促していく。 ・言葉の獲得が目覚ましく，物と名前を対応させながら覚えていくので，保育者ははっきりとした言葉で話すようにする。 ・歌や手遊びをしたり，リズムに乗って身体を動かしたりすることが楽しめるようにする。 ・保育者と一緒にごっこ遊びをしながら，子ども同士の関わりが深まるようにする。 ・いろいろな素材や物に触れる経験を豊かにし，手先指先を使って楽しめる遊びを工夫していく。
・離乳の完了期に向けて，一人一人の状況に応じて断乳の準備をしてもらう。	・自我の芽生えの表れや，その意味の大切さについて保護者と話し合う機会を持ち，どのように子どもの気持ちを受け止めていくかなどを，共に考えていくようにする。	・一日の生活リズムを整えることの大切さを知らせ，家庭にも協力してもらい，安定して意欲的に遊べるようにしていく。 ・オムツからパンツに無理なく切り替えられるように，排泄の自立の進め方を確認しあう。 ・成長の喜びを共有していく。

（資料提供：みつわ台保育園／千葉市）

その時期の子どもたちの姿や生活に即した保育の展開ができるように計画を立てる。
［週案］
　月案をさらに具体化して作成される。長期的な計画よりも直接的に活用しやすい。
［日案］
　1日の生活を具体的に表したもの。行事などで作成されることが多い。デイリープログラム（毎日繰り返される日課）を参考に計画される。

　3歳未満児の指導計画は短期的にねらいを立てるよりも，長期的にゆったりと発達を見守るような計画が望ましいと思われる。そして個別指導計画やグループ指導計画と合わせてすべてを関連づけながら工夫して書式をつくる。

　また，複数担任で連携をとりながら計画を立てることはもちろんだが，園長・主任保育士・栄養士・看護師等との協力体制も図り，それぞれの専門性を活かして健康・安全面にも十分配慮することが必要である。つまり，指導計画の中に，「職員間の連携」を組み込むとよいと思われる。

　その中で大切なことは，「連続性」をもたせることである。子どもが1日24時間の生活をどこの場においても連続性をもって送ることができるように，家庭と連携しながら，担任は柔軟な担当制のかかわりの中で指導計画を作成し，実践したうえで，振り返り，反省・評価をして，次の指導計画につなげていく。

　特に，発達の著しい3歳未満児保育の場合，指導計画を立てるにあたって考え方の基本になるのが日々の記録である。毎日の保育日誌や，家庭連絡ノートをはじめ，個人用の記録ノートを作るとよい。記録に残したいことのテーマと，その内容を大まかに書き記しておくだけで，あとから記憶をたどりやすくなり，子どもがその発達の時期に何に興味を示し，何に戸惑っているかという子ども自身の要求をとらえることができる。

　そして，設定したねらいに対しての環境構成・言葉かけ・子ども同士のかかわりに対する働きかけ・子どもの反応などを具体的に予測していくことができる。

　次に，個別指導計画について触れておきたい。3歳未満児保育では，1年間

での発達が特に著しいことに加え，月齢や個性によっても発達の様子が大きく変わる。そういった点から，個別に立てられる指導計画が必要になる。また，障がいのある子どもの保育においても，障がいの特性や個性，発達の順序を考慮し，適切な環境の中で健常児と共に無理なく生活ができるように配慮した個別指導計画が必要である。

その他，食育や健康・安全への配慮，地域・家庭との連携も盛り込むとより具体的な計画となる。

2．指導計画の実際

0歳児の指導計画の例から考えてみる。0歳児は発達が著しく，成長差が激しいため，週案，日案のように短期間でねらいを設けるよりも，年間指導計画，月案のようにゆったりとした期間での計画が望ましいと思われる。ここでは10月の指導計画を例に読み取っていくことにする。

年間指導計画の3期（10月）の中には「体の動きを活発に，這う，歩く，よじ登る，くぐるなどの全身を使ったあそびが十分楽しめるようにする」とある。（図・表5-5）

月案ではさらに具体的に，あそびの環境構成として「牛乳パックで小さな傾斜を作って遊んだり，所庭でも小さなスロープを使って上がったり下りたりを楽しめるようにする」と計画されている。（図・表5-6）

個別指導計画では，保育士のかかわりと配慮の中で，発達に合わせて，8か月の子どもに対しては「腹ばい，お座りなど保育士が子どもの姿勢を変えながら，いろいろな姿勢でのあそびを楽しめるようにする」，1歳の子どもに対しては「乗用玩具など安定してつかまれるおもちゃを用意し，つかまり立ちでのあそびが楽しめるようにする」，1歳4か月の子どもに対しては，「保育士と手をつないで自分のペースで満足するまでスロープの上り下りを繰り返し楽しめるようにする」とある。（図・表5-7）

このように，年間計画から月案，月案から個別計画と具体化しながら計画を立てていくことが大切なのである。

また乳児保育では，複数担任で保育することが多いため，月案にあるように，

担任全体が同じ方向性をもって保育に携わることができるよう「職員間のチームワーク」の枠を設定し，互いに意識して保育に臨むことが望ましい。

次に2歳児の例から考える。2歳児では徐々に集団の意識が備わり，全体への声かけで行動できるようになってくるが，反面，自我の育ちや自己主張が激しくなる時期であり，一人ひとりの個性や発達に合わせた個別配慮が必要でもある。クラス全体を考えた月案を主に活用し，必要に応じて，個別計画を立てることが，望ましい。

2歳児2月の月案では，3歳児への進級を配慮した内容が組み込まれている。保育士の定数により，3歳以上児になるとゆとりある複数担任から，1人もしくは2人程度の担任へと変わる。大きな環境の変化に子どもたちが戸惑わないように，また，3歳以上児クラスへの移行に安心感をもたせる配慮であるといえる。

特に，進級に関しては，アレルギーをもつ子どもや障がいのある子どもの保護者は一層の不安を抱えている。幼児クラスの情報や様子を公開することは必然であり，丁寧に伝えることが不可欠である。

この月案には行事や活動予定を組み込んだ，週案が設定されている。2歳児になると，短期的に指導計画を設定することが可能になってくるため，長期的な計画の中に，短期的な計画を組み込み，活動や環境，配慮などを，子どもの様子に合わせて具体的に計画するための工夫であるといえる。（図・表5-8）

個別指導計画では一人ひとりの子どもの様子を思い浮かべ，同時に送迎時の保護者との会話や，家庭連絡帳，個人面談などから保護者の思いをそれぞれに認識し直し，その上での保育者のかかわりや配慮を計画していくことが望ましい。（図・表5-9）

さらに「家庭支援」の欄には，**保育所での様子を知らせていくや丁寧に伝えていく**，とあるように，かかわりや配慮をした結果，子どもの様子がどのようであったかを保護者に伝えることが家庭支援として大切なのである。

図・表5−6　0歳児の月案（例）

10月の指導計画　0歳児	園長印	主任印	担任印

全体のねらい	・秋の自然に親しみ探索活動を十分に行っていく。 ・気温の変化に応じて，衣服の調節をしながら体調に留意する。 ・子どもの気持ちを受け止め，「○○がほしいの？」「かして」などその子の気持ちを言葉にして代弁することで発語を促す。
生活の環境	・高月齢児は発語が増え，低年齢児は喃語がたくさん出てくるので，発語を促すような繰り返し言葉が載っている絵本などを，興味を持ったときに見られるよう，コーナーに用意しておく。 ・秋の自然を感じられるような室内の環境を工夫したり，手作りおもちゃを用意したりする。
あそびの環境	・牛乳パックなどで小さな傾斜を作って室内で遊んだり，所庭でも小さなスロープを使って上ったり下ったりを楽しめるようにする。 ・発語を促すような繰り返しの絵本などを用意する。
家庭との連携 連絡事項	・靴を履いて遊ぶことが増えてくるので，足に合った靴を準備してもらう。 ・流行性の疾患も増えてくるので，ちょっとした体調の変化も家庭と連絡しあう。 ・気候の変化にあった衣服を準備してもらう。
保育者間の チームワーク	・子どもの気持ちを受け止めながら，遊びに集中しているときは手を出さず，そばで見守る。 ・戸外での活動が増えてくるので入室の手順（排泄・手洗い・着替えなど）がスムーズに流れるように職員間で手順を確認する。
健康・安全へ の配慮	・戸外でのあそびが多くなるので，転倒や打撲，すり傷などの適切な対処方法を理解しておく。 ・鼻水を出していたり，咳をする子が増えてくる時期。体調の変化が見られる子は，こまめに体温を測り，予防接種の必要な病気に対しては積極的に接種を勧める。
10月の行事	内科検診　避難訓練・安全管理訓練 わくわくランチ　身体測定
評価及び省察	全体的にとても落ち着いた月でした。新型インフルエンザの流行に敏感になっていましたが，結局0歳児の感染はありませんでした。引き続き，衛生管理には十分に気をつけていきたいと思います。遊びの面では，動きが活発になり園庭や室内での探索活動も目を離せなくなりました。散歩も遊歩道では一人で歩くことをとても楽しんでいます。怪我のないように十分に気をつけていきたいと思います。子どもたちが落ち着いてきているので，遊びやおもちゃを工夫したりして子ども達の様々な成長を促してきたいと思います。月齢の高い子は1歳児と関わる機会を徐々に増やしていきたいと思います。
評価の観点	□　戸外で体を動かしてあそんだり，秋の自然に触れる楽しさを味わえるよう援助できたか。 □　子どもたちの話したいという意欲に応え，一人ひとりの気持ちを十分に理解し，対応したか。 □　朝夕の気温の変化に応じて人ひとりの体調管理がきちんとできたか。

（資料提供：みつわ台保育園／千葉市）

図・表5-7　0歳児の個別指導計画　10月（例）

	8か月・男児
予想される子どもの姿	・食べ物をみると体を前のめりにして，両手をバタバタさせる。 ・「ママ」「ババ」などの言葉を繰り返す。 ・お座りの姿勢でおもちゃに手を伸ばす。
育てていきたい子どもの姿	・スプーンから食べ物を口に入れ，口を良く動かしながら食べる。 ・うつぶせの姿勢から，行きたい方向へ寝返りをしながら進んだり，後ずさりをしたりする。 ・大きい声や，高い声など様々な声を出して楽しむ。 ・おもちゃを握る，落とす，振るなどして楽しむ。
保育士のかかわりと配慮	・食べ物の硬さや切り方を調節し「モグモグね」とかむことを知らせながら，子どものペースに合わせて食べられるようにする。 ・自由に動き回れるように，動きやすく，安全なスペースを作り，一人遊びの様子見守る。 ・視線を合わせながら，子どもと同じ言葉をまねしたり，ふれあいあそびを通して一対一でのやり取りを共に楽しむ。 ・おもちゃは握りやすいもの，口に入れても危なくないもの，音の鳴るものなど，子どもの興味に合わせて用意する。 ・腹ばい，お座りなど保育士が子どもの姿勢を変えながらいろいろな姿勢でのあそびを楽しめるようにする。
家庭との連携	・興味のあるものに動いて行ったり，いろいろなものを口へ入れたりする成長段階であることを知らせ，誤飲や行動範囲の広がりによる安全面への配慮を伝える。 ・ふれあいや言葉かけを通して，喃語をはぐくんでいけるよう提案していく。

1歳・女児	1歳4か月・男児
・スプーンにおかずをのせ，保育士が手を添えながら一緒に食べるようになる。 ・つかまり立ちや伝い歩きが盛んになり，探索活動が活発になる。 ・音の鳴るものを打ち合わせたり，ボールを投げるなど，体を使ったあそびを楽しむ ・名前を呼ばれると手を挙げる。	・好き嫌いが出てきて，苦手なものを勧めると顔をそむける。 ・散歩先では，自由に一人で歩くことを楽しむ。 ・言葉を繰り返したり，語尾をまねする。 ・運動会の練習に興味をもち，音楽が聞こえると自分から近づいていく。
・手づかみ食べを盛んにしながら，スプーンを持ってみる。 ・一人で立っていることが多くなり，立つことを喜ぶ。 ・歌に合わせて手をたたいたり，体を揺らしたり，音の鳴るものを振って楽しむ。 ・指差しや喃語で，自分の気持ちを伝えようとする。	・苦手なものでも少しずつ食べてみようとする。 ・少しの傾斜やスロープの上り下りを楽しむ。 ・簡単な言葉や身振りでやりとりを楽しむ。 ・音楽に合わせて体を動かしたり，動きを見てまねしようとする。
・手づかみでも自分で食べようとする意欲を大切に，時には保育士が介助しながら一緒にスプーンを持ってみる。 ・「たっちできたね」などと声をかけ，立てた喜びに共感して，立とうとする意欲につながるようにする。 ・乗用玩具など，安定してつかまれるおもちゃを用意し，つかまり立ちでのあそびが楽しめるようにする。 ・友達と一緒に歌をうたったり，時には保育士と一対一でゆったりと触れ合いながら音に合わせて体を動かすことを楽しむ。 ・指さす方向を一緒に見ながら「○○ちゃん，いたね」「○○だね」などと声をかけ，気持ちを受け止められた満足感が味わえるようにする。	・「一緒に食べてみようね」とスプーンに手を添えて口へ運んだり「おいしそうだね。○○ちゃんと一緒に食べてみようか」などと言葉をかけ，個々の食事量に合わせて少しずついろいろな食材が食べられるよう見守る。 ・いろいろな発見を楽しみながら自由に歩けるよう，特に散歩に出かけた時は，車の通りの少ない道や遊歩道を選ぶ。 ・体を使ったあそびを楽しんだり保育士と手をつないで自分のペースで，満足するまでスロープの上り下りを繰り返し楽しめるようにする。また，転倒の危険を考え，すぐに支えられる場所で見守る。 ・気持ちを受け止め代弁する中で指さしや喃語を促し，言葉での理解を深めていけるようにする。
・手づかみ食べの大切さを伝えるとともに，子どもが口に運びやすいスプーン（角がなく，柄が長く，手の大きさに合うもの）を用意し，興味が持てるよう伝える。 ・指さしや喃語に応え，子どもの思いを受け止め，言葉に表したり親子でのやり取りを楽しめるよう伝える。	・保育者が食べる姿を見せると，苦手なものを食べようとする姿を知らせ，食の環境作りについて考える。 ・子どもの一言などをメモしておき，保護者に紹介し，この時期ならではのかわいらしさを共感しあう。 ・歩きやすい靴の選び方や散歩コースを紹介する。

（資料提供：みつわ台保育園／千葉市）

図・表5-8　2歳児の月案（例）

2月の指導計画　2歳児	園長印	主任印	担任印

ねらい	・進級に期待を持ちながら，簡単な身の回りのことを自分でする。 ・雪，氷，霜など，冬の自然事象に触れ，興味を持って遊ぶ。 ・一人ひとりの言葉や思いを十分に受け止め安心して自分の気持ちを表現できるようにする。			
	1週	2週	3週	4週
活動	個人面談週間 豆まき 幼児クラスにて食事 戸外遊び・お散歩・鬼ごっこ等	おひなさま製作 　　　　　　　　　 　　　　　　　　　 ルールのある遊び	身体測定 造形展・フェスティバル 幼児クラスにてお昼寝	避難訓練 安全管理訓練

生活の環境作り・配慮事項	遊びの環境作り・配慮事項
・自分でしようとする気持ちを大切にしながら，できないところは必要に応じて手伝うようにする。 ・お箸の使い方は丁寧に伝えながら，こぼした時には自分で始末をし，こぼさないように促す。 ・幼児クラスでの食事・排泄・お昼寝の仕方を知らせていく。	・保育者が冬の自然現象に感動したり，発見したことを素直に子どもに伝える。 ・防寒に留意し，戸外遊びを楽しむ。 ・自分の思いを伝えたり，相手の気持ちがわかるように保育者が仲立ちとなっていく。

家庭との連携・連絡事項	評価及び省察
・個人面談や，クラス懇談会に参加してもらい，保育園での子どもの成長の姿を保護者に伝え，一年間の成長を共に喜びあう。	今月は幼児クラスへ行き，食事・お昼寝・おやつ等，何度か経験することができました。子どもたちは戸惑いも少なく，幼児クラスへの進級に期待を持ち，身の回りのことも意欲的に行っています。今後も子どもたちが，4月からの進級で戸惑うことが少なくて済むよう配慮していきたいと思います。 段々と春が近づき雪・氷・霜などの経験も少なくなってきましたが，今後は子どもたちと春の訪れを感じていきたいと思います。 子ども同士の関わりが増え，その分けんかも増えていますが，自分の気持ちを表現できるようになったのも成長だと感じます。一人ひとりの思いを受け止め，成長を喜んでいきたいと思います。
保育者間のチームワーク	
・記録等を見ながら子どもの成長を，職員間で共通理解し，個人面談で保護者に伝える内容についても相談する。 ・幼児クラスで食事・お昼寝・おやつなどの経験をし，一人ひとりが進級を喜び，安心して過ごせるようにする。	

図・表5-9　2歳児の個別指導計画（例）

2歳児　　個別指導計画　　2月			
	2歳8か月・女児	2歳2か月・女児
予想される子どもの姿	・お箸を使って食事をすることを喜ぶ。 ・身の回りの始末や生活の仕方が少しずつ分かり自分でできることは自分でしようとする。 ・困ったことや分からないことを，言葉で伝えられず，泣いて表現する。	・食事後の所持品の準備等も意欲的に行いお箸を使って上手に食べることができる。 ・一日を通して，適宜トイレに行くことができる。 ・幼児クラスでの生活に戸惑い保育士や友達に甘える姿が見られる。
保育士のかかわりと配慮	・給食のメニューによっては並行してフォークやスプーンを使いながら，丁寧にお箸の使い方を知らせていく。 ・本人の意欲を十分に認め，幼児クラスでの生活の仕方を伝えていく。 ・まずは本人の思いを十分に受け止め，信頼関係を深めることを大切にしていく。	・食事の準備や食事の仕方に関しては，自立しているので，十分に認め見守っていく。 ・幼児クラスのトイレを使用し，新しい環境に慣れていくようにする。 ・本人の思いをしっかりと受け止め，ゆったりと接していく。
保護者の意向	動きが活発なので怪我の無いように見守ってほしい。 体調不良の時は室内で過ごさせて欲しい。	食物アレルギーに関しては，発疹の様子等に変化が見られるので園と家庭で連絡を取り合いながら，体調面の把握をしていきたい。
家庭支援	言葉で思いが表現できない所が気になるので，面談時に家庭での様子を伺い，同時に園での様子を知らせていく。	幼児クラスへの移行に向けて，幼児クラスの様子や連絡事項等を丁寧に伝えていく。
評価	スプーンやフォークを使用する機会も段々と減り，お箸の使い方も上手になってきました。今後も楽しく食事をしながら丁寧に伝えていきたい。 幼児クラスへ行き戸惑う姿も見られたので今後もあせらず幼児クラスでの生活の仕方を伝えていきたい。 保育士との信頼関係が少しずつ深まりを感じ表現の仕方にも変化が見られる。今後も思いを受け止めることを大切にしていきたい。	幼児クラスへ行き生活する機会も多かったが，これまでと変わらず身辺自立できている。今後も引き続き見守っていきたい。 幼児トイレにも慣れ，一人で適宜行くことができている。 年上のお友達には若干戸惑いがあるものの，クラスの保育士や友達がいることで安心して過ごせている。次月も様子を見ていきたい。

（資料提供：みつわ台保育園／千葉市）

3 評価・反省と保育の質の向上

　保育課程および指導計画について述べてきたが，計画はあくまで仮説に過ぎず，それに基づいて行われた保育の過程を反省・評価して翌月の指導計画に反映させたり，保育課程の見直しにつなげていくことが大切である。評価の視点としては「子どもの育ちをとらえる視点」と「自らの保育をとらえる視点」の両面から考える。

　「子どもの育ち」では保育所保育指針の第2章に示される，発達の特性とその過程を踏まえ，ねらいと内容の実現状況を評価していく。子どもが何に興味をもち，どんな活動に取り組もうとしているのかを確認しながら評価にあたる。

　「自らの保育」では子どもの主体性が重視されていたか，保育のねらいが押しつけになっていなかったか，一人ひとりの子どもの状態に即した保育が展開できたか，などのポイントと，保育を展開するうえでの環境構成や職員間の協力体制，保護者との連携が適切であったかなども振り返る。

　図・表5-6（0歳児の月案）の下段にあるように，計画を立てるときに，あらかじめ評価項目を決めておくと，保育の目安やポイントなど評価の基準になる。また，評価をするときには，担当保育士が単独で行うのではなく，園長，主任保育士をはじめ，それぞれの専門分野の職員や，他クラスの保育士等で，カンファレンス形式で行うことが大切である。自分では気づかなかった保育が評価されることや，自分とは異なるさまざまな視点からの考えに触れることにより視野が広くなり，次につながる保育の気付きになると思われる。

　このように，自己を振り返ることが保育の質の向上に欠かせないものであり，職員間で意見を出し合い，共通の見通しをもって保育にあたることは，保育所全体の質の向上につながるものである。

　図・表5-4（保育課程の構成）にあるように，保育の展開は（計画）→（実践）→（評価）→（見直し）という一連の流れで構成されるものである。

演習問題
- A.「保育課程」と「指導計画」の違いと，その関係を明らかにしましょう。
- B.「保育課程」と「保育計画」の関連性について考えてみましょう。
- C. 指導案を立て，「保育課程」や「保育計画」の視点から評価をしてみましょう。また，グループで指導案を交換し，気づいたことを述べ合ってみましょう。

6章 保育実践の評価

　本章では，保育の実践と切り離すことができない評価について，評価の目的・方法・内容について学ぶ。

　日々の保育実践において，保育者は一人ひとりの子どもの発達に即して必要な経験を積み重ねていくことができるように援助を行っていく。そのために保育者は，つねに子どもの心の動きを感じ取り，子ども理解を深める姿勢をもち，子どもたちにかかわる。

　実践後には援助のあり方や，環境構成，教材等について振り返り，記録をする。その記録やカンファレンスを通して得られる反省・評価をもとに指導計画を修正し，実践する。この循環の過程において，一人ひとりの子どもの発達の過程に添った援助のあり方を追究していくことが重要な専門性であるといえる。

　さらに教育活動の地図の役割を果たす指導計画および教育課程の評価について，また，法律に基づき行われる園全体の自己評価，第三者評価の意義についても学ぶ。

1　幼児教育における評価のあり方

1．保育実践における評価の目的

　評価という言葉からは，優劣などの価値判断や，目的を高く定めてそこに追い込むようなことが連想されるので，保育のなかではこの言葉は似合わないのではないかと考えるかもしれない。また子どもは発達の差が大きい時期であることからも，一つの基準にそって「評価をする」ことに抵抗を感じるかもしれない。

しかし，子どもの遊びや生活をどのように支えていけばよいかを考えるときには，実態を把握して，育ちの方向を見定めていくという作業が重要になる。子ども一人ひとりについての育ちを促していくためには，より丁寧に保育を振り返って反省をしたり，検討して評価をしたりすることから保育の手がかりを得ていくことが必要である。

この場合の反省や評価は，当然のことながら，ランクづけをしたり，優劣を決めたりすることではない。保育における評価には，子どもに寄り添って理解し，温かく受け止めようとする保育者の姿勢に裏打ちされていなければならない。

保育実践のなかで，どのように「評価」が行われているのか事例をもとに「評価の在り方」を考えていくことにする。

「幼稚園教育要領」や「保育所保育指針」のなかには，「評価」に関する内容が次のように示されている。

「幼稚園教育要領　第3章　指導計画及び教育課程に係る教育時間終了後に行う教育活動などの留意事項」では，「幼児の実態及び幼児を取り巻く状況の変化などに即して指導の過程について反省や評価を適切に行い，常に指導計画の改善を図ること」と示されている。

「保育所保育指針　第4章　保育の計画及び評価」では，「保育士は，子どもの実態や子どもを取り巻く状況の変化などに即して保育の過程を記録するとともに，これを踏まえ，指導計画に基づく保育の内容の見直しを行い，改善を図ること」と示されている。

つまり，保育実践の場の評価においては，つねに子どもの実態を踏まえて保育や指導の過程を振り返り，見直しや改善を図ることによって，よりよい保育を目指して計画的に実施することが保育者に求められているのである。

2．保育実践における評価の方法

保育実践における評価の目的は，保育の過程で明らかになっていく子どもの実態を，その後の保育の手がかりとして活かし，よりよい保育を実現することにある。

■子どもの実態の把握
　日々の保育のなかでは，保育者は子どもとかかわりながら子どもの表情や取り組みなどから実態をとらえていくことになる。把握したことを記録に留めていくことで，発達していく過程をダイナミックに捉えることができ，子どもの具体的な将来の発達の課題も見えてくるようになる。
（1）「何を」だけでなく「どのように」を記録する
　子どもが何をしていたかいう表面的なとらえ方だけではなく，子どもがどのような気持ちでそれを行っていたか，どうして友達とそのようなかかわりをしたのかなどの心のかかわりも考えながら記録に残すことが大切である。
　また，記録を残す際の重要なポイントは，保育者が保育中に書き留めた雑記録（要点を押さえたキーワードを含む）をもとに，子どもたちが降園したあとに記憶が薄れてしまわないうちに整理して要点をまとめ，感想とともに記録として完成させておくことである。したがって雑記録といっても，単に無差別に状況の記録をするのではなく，保育を改善していく手がかりを見いだしていけるような見方やとらえ方を意識して記録することが重要である。
　そのためにも，できるだけ子どもに近づき，次のような視点から内面をとらえていくようにするとよい。
■遊びのなかで
・どこで，何を，どのように取り組んでいたか
・どんな気持ちで，何を乗り越えようとしていたか
・友達とのかかわりで，何を体験していたのか
・保育者のかかわりでどんな様子や変化が見られたか
■一日の流れのなかで
・何にどのような興味・関心を示していたか
・発達につながるような体験ができていたか
・友達とのかかわりにはどのような姿が見られたか
　記録の形式は保育者自身が保育を振り返りやすいもので，一人ひとりの子どもへの記録につなげていくように工夫して，保育者自身で作り上げていくことが大切である。

図・表6-1　一人ひとりの記録
3年保育3歳児星組

月日	4月11日	4月12日	4月13日	4月14日	4月15日
園や家庭での様子	母から離れて遊べる。トイレを我慢，泣きべそをかく。「明日おやつあるよ。バナナと牛乳がいいなあ」	めそめそしていて遊びに入ろうとしない。園で泣いたことを話す。「今日のおやつは動物のお菓子とヤクルトだよ」	泣いて登園するがTに抱っこされたり声をかけられ泣きやむ。Tと遊ぶ。「幼稚園行きたくない」「つまらなかった」	無表情で明るさはみられないが，電車ごっこに参加する。誕生日カードをもらい大喜び。「みんな3歳，僕だけ4歳」	泣かずに登園し，積み木で遊ぶ。兄と兄の友達の所へ遊びに行く。
考察		不安定			泣かない
月日	4月17日	4月18日	4月19日	4月20日	4月21日
園や家庭での様子	「サンバルカンの足はこうなってんだよ」と得意そうに話す。「今日は空さんとむすんでひらいてしたの。僕の所へも先生来るんだよね」	母親から離れる時ぐずる。サンバルカンを作って遊ぶ。「楽しかった」紙芝居の内容を話して聞かせる。	平面的な組み合わせから立体的になる。（ブロック）家庭訪問を楽しみにする。	遅れて登園，遊びに入るのに時間がかかる。上靴入れができ，はしゃぐ。「来週の月曜日に持っていく」と言うと泣く。	「先生見て？」積み木で立体的にロケットを作る。新しい傘とコートを着て喜び外で遊ぶ。
考察	知っていることを話す			遊びに入るのに時間がかかる	Tに見せる

（出典：茨城大学教育学部附属幼稚園『幼稚園教育の普遍性を求めて—幼児期にふさわしい生活の展開—』昭和63年茨城大学教育学部附属幼稚園研究紀要5　1988年，p.21）

（2）　実践を振り返り，発達の過程をたどる。

　日々の記録を，学期や数か月を単位で整理することで，長期的な視点で発達する過程をとらえることができる。見えなかった子どもの変化が，長期的な振り返りによって確認することができる。

　保育者には生活のさまざまな場面において子どもの発達を促すかかわりが求められる。子どもを前に，臨機応変かつ的確に「今だから」「このことを」という見極めをするのは非常に難しいことであるが，その見極めを確かなものにするのは，日々の記録の集積とその検討と評価にある。また，子どもの見方，とらえ方に，保育者独自の偏りが生じないよう，なるべく多くの保育者との話し合いの場で記録を確かめ合い，検討・評価し合うことは重要なことである。

図・表6-2　発達の過程

3年保育3歳児　星組

	4月				5月
集団としての活動の様子	電車ごっこ 1 3 5 8 9 2 3 5 7 10			うさぎのおうち ① ② ③ ⑤ ⑦ ライオンのおうち 3 8 1 6 7	
	Tが中心となって興味のもてる遊びを投げかける		外遊びを取り入れ安定出来る場を作る	お面を被ることを非常に喜ぶ、ただ被っているだけで安定して来るようになる。遊びは、プールごっこへとつながっていく	
		積み木の遊びの中にTが強くかかわってみる。長く並べた積み木が、電車へと変わり、加わる幼児が多くなる ① ④ ⑥ ⑨ 2		お面などを作ったり遊びに興味を持たせる。遊びに入れない幼児に声をかける ② ⑤ ④ ⑥ ⑧ ⑨	遊びに入れない幼児の為に、コーナーをふやしてみる

個としての活動の様子	1	よく喋る　・自己中心　・逃避　・独り占め　・衝突　・「ダメ」の連発　・欠席（家庭の事情）
	2	話そうとしない　・一人遊び　・不安定　・拒否（誘っても）　・他の幼児が来ると逃避　・Tに甘える
	3	泣く　・積み木はTと　・友をさぐる　・Tに自分から笑顔　・大きな声　・Tに甘える　・よく喋る
	4	欠席　・元気に遊ぶ　・何でもやる　・Tに「僕もやりたい」　・不機嫌　・つまんない　・Tに「やって」　・抱え込む
	5	甘える　・不安定　・黙ってる　・泣く　・一人で粘土　・見ている　・Tの誘いかけで入る
	6	ふらふら　・もっと遊びたい　・うろうろ　・おもしろい発想　・マイペース　・ふくれる　・こもる
	7	周りが見えない　・Tの言葉が理解出来ない　・何をしてよいか分からない　・うろうろ　・ふらふら　・出来ることが分かってうれしい
	8	不安定　・泣く　・遊びに入るのに時間がかる　・入り込めない　・見ている　・こもる　・少し元気がない
	9	ふらふら　・走り回る　・Tの助けを否定　・Tについて落ち着く　・次々と遊ぶ　・叩く　・荒れる　・わがまま
	①	不安定　・戸惑い　・登園しぶる　・疲れる　・安定　・おもしろい　・Tに要求　・友をリードする言葉（〜しよう）
	②	周りが見えない　・真似る　・言葉が通じないという経験をする　・Tとのかかわり　・①について学ぶ
	③	見ている　・Tに積極的にかかわる　・様子を見ている　・Tに甘える　・出来ずにやってもらう　・喧嘩の仲裁をする
	④	不安定　・表情が固い　・しぶる　・Tの様子を見ている　・不安そうである　・病欠
	⑤	Tについて歩く　・自分の言う通りにしようとする　・①とかかわる　・先が見えない　・「いけないよね」を連発
	⑥	Tとかかわりたい　・登園疲れる　・周りを気にする　・Tに働きかける　・ごっこの楽しさを味わう　・6が苦手である
	⑦	友とお喋り　・Tに要求　・友に働きかける　・好きな活動で安定（絵）　・認めて欲しい
	⑧	欠席　Tにすがるようにして見ている　・見ている　・同じものがほしい　・手順がのみこめない
	⑨	泣く　・おやつを食べない　・見ている　・Tの誘いかけに付いてくる　・一人遊び　・Tの言葉ににっこり
	⑩	周りを見ていない　・慣れずに拒否　・粘土で安定　・Tとのかかわりに笑顔　・ごっこ遊びに積極的に加わる

＊日々の保育の記録から，個々の幼児について特徴的な姿から変化している様子を読み取ることができる。周囲とのかかわりをもつ過程でうまくいかない戸惑いや，時には退行現象も見せながら，自分の気持ちを整え直し，周囲を眺めるようになっていく過程が捉えられる。
※□男児　○女児
（出典：茨城大学教育学部附属幼稚園『幼稚園教育の普遍性を求めて―幼児期にふさわしい生活の展開―』昭和63年茨城大学教育学部附属幼稚園研究紀要5　1988年，p.22）

（3） 保育者同士で話し合う

　子ども理解につながる評価の基盤は，保育者がいかによく子どもを観察し援助するかにある。しかし集団としての保育を行うなかで，一人ひとりの発達に即した適切な援助を行っていくことは大変難しいことである。このかかわりがはたして適切であったか，他の援助があったのではないか，などと迷いながらかかわっていることも多い。

　保育実践の場では，さまざまな形で保育者同士で話し合う機会をもつことにより共通理解を図っていく必要がある。その時々の課題を話し合うことは，保育者の子どもの見方，とらえ方の幅を広げることにつながる。

■保育カンファレンス

　保育カンファレンスと言われる話し合いは，いろいろな実践事例について保育者自身の関わりを振り返り，心に残ることや課題について本音で話し合う機会である。経験の長さには関係なく，また正解を求める場でもない。他者の視点や考え方に触れ，共に考え合う場であり，保育者の多面的な幼児理解を育む上で大変有効であるとされている。

　子どもとのかかわりのなかで特に印象に残る場面は，その時期の特徴的な発達の姿である場合が多い。子どもの表情，言葉，態度などに見られる小さな変化を見逃さず，温かい心を寄せる保育者はこのような姿を数多くとらえ，語ることができる。エピソードを語り合うことによって，お互いのとらえ方の違いに気づき，子どもの見方や保育の在り方を振り返ることで，より柔軟なかかわり方を学び合う機会となる。

■園内研修（観察時間や研究日の位置づけ）

　保育時間のなかでも，工夫することによって保育者間でお互いの保育を観察することができる。たとえば保育中に一定時間を設定し，ローテーションを組んで交代で子どもを観察したり，記録をとったりする。また，研究日を設け，ひとつのクラスを登園日にして，登園から降園までを全員の保育者でじっくり観察したり，記録をとったりすることによって，日ごろ見えていなかった子どもの一面を確認することもできる。

　観察終了後に記録を整理し保育者同士で協議を行うことにより，子どもへの

対応の仕方に対して保育者のいろいろな意見や考え方を参考に自分の保育を振り返り，子どもの見方，とらえ方を広げ，確かなものにしていくことができる。

■話のできるあらゆる機会の活用

　保育には保育者の人間性や人格が，必然的に染みこんでいるものである。保育を見直し，改善するということは，保育者自身の保育に対する考え方，子どもの受け止め方，発達に対するとらえ方を問い直していくことでもある。とくに時間を設定しなくても，掃除をしながら，共同での作業をしながら，明日の準備をしながら他の保育者とコミュニケーションをとることにより，保育者は意外に多くの情報を得たり，示唆を得たりするものである。

　このことからも，保育者同士で話し合える場を積極的に活用することで，自分の保育に対する考え方を問い直し，反省することができ，自分の保育の実態を客観的に評価し改善していくことが必要である。

3．保育実践における評価の内容

　保育実践における評価の主な内容として，「発達する過程の理解についての評価」「保育者の援助についての評価」「環境の構成についての評価」が挙げられる。

（1）　発達する過程の理解について評価する

　保育者が子どもの様子をみるときに，「こんなこともできない」「何度言ってもやろうとしない」「どうしてできないのだろう」というように，否定的な見方や評価をしていないかどうかを振り返ることが重要である。子どもは「今」も発達する過程にあるということ，発達には個人差があるということを考えに入れて見直してみると，子どもの姿は「よくこれまで，できるようになってきた」というように違った姿として見えてくる。

　子どもの「今」を，保育者がどのような表情（雰囲気）で受け止め，どのような言葉で返しているか，子どもたちはそれを敏感に感じとっている。子どもに意欲を起こさせ，自信をもたせるような受け止めをしているかどうか見直し，「どこまで待てるか」「いつ働きかけをしていくか」など育ちを見通しながら評価を行っていくことが重要である。

〈事 例 6-1〉

「泣くことの理解から」
　A児は入園式から1週間は元気に登園していた。ところが昇降口に近づくと足が重くなり，母親の後ろに隠れて離れようとしなくなった。保育者は気持ちを紛らすために，手を引いて園庭を歩き，ウサギに餌をやりながら話を聞いた。そのときのA児の言葉から，新しいことに不安を抱いていることが分かったので，次の活動に動くときには，A児にもよくわかるように言葉をかけていくようにした。
　4月末になると，A児の泣き方にも変化が見られ，シクシク泣きに変わり，徐々に泣くことが少なくなった。しかし，いつでもA児の視野には，保育者の存在があることが必要であった。
　5月の半ばになると，A児は自分から保育者のそばを離れていくようになった。他の子どもの遊びをのぞいたり，あちこちを見て回ったりして，戻ってくると保育者の近くの椅子に腰掛け，好きな折り紙を選んで飛行機を折った。このように自分から動き出すようになった様子を温かく見守るうちに，保育者はA児の小さな変化に気づいた。A児が保育者のそばを離れて歩き回るときには，折った飛行機を必ず握っていたのである。日によって折り紙の色は違い，保育者のその日の服の色と同じであった。そして，朝，折った飛行機はいつの間にか，どこかに置き忘れてくるようになった。

　この事例は，入園から園に慣れ親しむまでのプロセスの一例で，自分に閉じこもり泣くという行為から，集団生活にとけ込む姿を特徴的にとらえているものである。泣くという行為は，保育者に向けられたわかりやすいサインである。子どもの心の内では，どのような葛藤をしているのか，温かい気持ちで見守り続け，自分の力で乗り越えていけるように援助していくことが重要である。

（2）　**保育者の援助について評価する**

　子どもが遊んでいる姿を見るとき，「何をしているか」という見方をしていることが多い。遊びを何となく見ていると，「砂で遊んでいる」とか「ままごとをしている」という言葉が記録に残るだけで，内面をとらえていないということに気づく必要がある。
　保育者は子どもが遊び始めたり，何人かの子どもとのかかわりの輪に入るとすぐに，次の子どもへの援助に移ってしまい，個々の子どもとじっくり向き

合っていないことが多い。それは集団生活を支える保育者が，一人の子どもにかかわることができないという理由からでもある。しかし，子どもは集団にかかわればそれでよいというわけではなく，活動のなかで体験していることに目を向けて，発達につながるような援助を検討していかなければならない。

そのために保育者は日々の保育のなかで，できるだけ子どもに近づき，子どもの声に耳を傾け，子どもと会話し，表情や雰囲気から子どもが何を求めているか，を推察することが内面の理解に重要なポイントとなる。

子どもの発達に即した援助の評価は，子どもが主体的に活動できているか，子どもの求めていることが実現できているか，発達にかかわる必要な体験が得られているかどうかを内面・外面からとらえ，見直し，改善していくことにつながる。

(3) 活動のなかでの援助について評価する

保育者は，子どもの発達の時期を把握して，そのねらいと内容を明らかにして指導を行う。生活の流れのなかで子どもたちの取り組むさまざまな活動，さまざまな出合いの場面で子どもが適切に自分自身の発達にかかわる体験ができるように，保育者が見極めながらかかわっていく必要がある。保育者が子どもと活動を共にするとき，何をよりどころとして援助するか，戸惑いを感じながら保育を行っている場合もあり，これも評価の対象の一つとなる。

保育者が活動の中で行う援助には，活動の展開に対する援助と子どもに気づかせたいことや学んでほしいことに対する援助がある。

保育者の援助を評価する視点には次のようなものが挙げられる。

・子どもたちが楽しく活動し，安心感や充実感を味わっているか。
・活動を発展させていくための準備は適切であったか。
・友達とのかかわりを広げていく環境として適切であったか。
・用意した環境・素材等は活動の展開に適当であったか。
・子どもが達成感を味わえるように，時間や場所を十分確保できたか。

活動の場は子どもにとって居心地がよく，友達とのかかわりによってさらに楽しい場となるように，保育者が子どもの様子を見ながら活動の展開が図れるような援助をしたかどうか評価する。

保育者は自分自身の援助があいまいにならないようにするために，活動の展開への援助の他に意識すべきことがある。それは指導計画に記載した「内容」をその日の活動の中で具体的にイメージし，子どもたちにどのようなことを気づかせるか，何を学んでほしいと思うのかを明らかにして保育に臨むということである。この意識が明確でないと，保育者の援助の仕方は画一的なものになり，子どもの発達を有効に促していくものとはならない。

〈事 例 6-2〉

育ちをつなぐ援助の在り方―新たな友達とのかかわりの始まり―　3年保育4歳児6月

積み木で作ったもので遊ぶ　中型積み木でバスや電車などの乗り物を作り，運転手になったり，後ろにお客を乗せて遊んでいる。出入り自由な乗り物だったが，「お金を持ってないとダメ」「整理券と取らないとダメ」というように，いろいろと条件をつけて制限をしている。だれと遊ぶと楽しいか，「好き」，「嫌い」などがはっきりしてきている。

（援助）・乗り物としてのイメージを実現していけるように，積み木を必要に応じて増やしていくようにする。何にしたいから何が欲しいという言葉を引き出しながら対応していくようにする。
　　　・子どもからの要求にすべて応えていくのではなく，自分の気持ちを表現しなければならない状況をつくるようにして応じていくようにする。
　　　・一緒にいたいという気持ちが満たされることの喜びを，保育者も共感していくようにする。
　　　・イメージがうまく伝わらないためにトラブルが生じることがあるので，お互いの気持ちを代弁していくようにする。

友達とのかかわりに関心が広がる時期には，まだ自分の世界へのこだわりが強く，遊びが続いていかないことが多い。自分の気持ちを相手にどのように伝えるか，相手はどのような気持ちでいるのかを理解できるように，保育者の見守りと仲立ち，モデルとしての働きかけをしていくことが必要である。

(4)　環境の構成について評価する

保育者にはつねに，子どもの発達に即した環境を提供していくことが求められる。環境の構成には，「ねらい」「内容」に即しているかどうかの観点から評

価をすることが必要である。

　集団の中で個の育ちを促すということは，その集団との関係を軸に個の活動を支えていくことであり，今はどちらを支える時期か，集団か，個の育ちかを見極めていくことが大切であり，それに応じて環境の構成のあり方も変わってくる。

〈事　例　6-3〉
> 「環境の再構成と新たな体験の場」
> 　3歳児の子どもたちにとって，ままごとコーナーは家にいるような気持ちで遊ぶことができる楽しい環境である。遊び始めると同じような物が欲しくなり要求してくる。集団生活に不安が残るうちは，できるだけ要求に応じていくようにした。そのうちままごとコーナーは物であふれるようになり，整理が必要になった。子どもたちの帰ったあと，明日の遊びを予想しながら道具類の数を減らしておいた。
> 　翌日登園すると，3人の子どもたちはいつものように手提げやリュックを探して荷物を詰め込むと，散歩に出かけて行った。しばらくして戻ってくると，食事をして布団を敷いた。ところが布団は5枚しかなかったため，取り合いのけんかが始まった。気を許した瞬間に布団を取られてしまうので，必死に抱え込んでいた。初めてお互いに相手の存在に気づく瞬間であった。環境が変わることで，友達と一緒の楽しさから，相手の存在や相手の気持ちに気づくという体験ができる場となる。

　友達とのかかわりが楽しくなってくると，同じものを持ちたい，同じことをしたいという気持ちが強く出てくるようになる。環境になじむために必要となるものを出して応じてきていたが，その環境を見直す必要が出てくる。

　たとえば，遊び道具の数を加減して環境の再構成を図っていくことから，お互いの存在を意識する場となる。そこに生じるトラブルを経験していくなかで，「かして」「あとで」「一緒に使おう」などという言葉が意味をもつようになり，発達に必要な体験ができる場となるように，つねに環境の再構成を行っていく必要がある。

4．「幼稚園幼児指導要録」「保育所児童保育要録」について

　子どもの発達や生活の連続性を踏まえて，幼稚園や保育所から小学校につながる子どもの育ちを支えていくために，就学先となる小学校へ，幼稚園は「幼稚園幼児指導要録」を，保育所は「保育所児童保育要録」を送付する。
　記載する事項は入園，入所に関する記録，保育に関する記録，子どもの育ちにかかわる事項等であり，個人情報に配慮した様式となっている。
　記入は園長や保育所長の責任のもと，担当の保育者が個々の子どもについての記録をもとに評価を行う。保育者は教育課程，保育課程をもとに，保育を振り返り，一人ひとりの子どもが育ってきた過程等を評価して記入する。子どもを捉える視点としては，5領域「健康」「人間関係」「環境」「言葉」「表現」のねらいをもとに評価を行い，どのように発達の道をたどってきたかを記入する。
　「幼稚園幼児指導要録」「保育所保育要録」を作成して就学先に送付することは，幼児教育を小学校教育につなげていくことが目的である。日頃から連携を重ねることで，お互いに子どもの育ちについての理解を深めていくことから，移行期の保育実践に活かすことができる。

2 指導計画・教育課程の評価の実際

1．保育実践の評価に基づく指導計画の作成

　子どもの実態を把握して，それをもとに保育を展開していくための指導計画を作成する。その際に次のような評価を組み入れていく必要がある。
　① 子どもの実態から育ってきていること，課題となっていること，これからの育ちに生かしていくこと，などを押さえられているか。
　② 具体的な「ねらい」は子どもの発達を見通していくものであるか。
　③ 育ちにかかわる体験が，「内容」として押さえられているか。
　④ 環境や援助の方向が発達に即したものとなっているか。
　実際に保育を終えたあと，①〜④についての見直しを行い，次の指導計画の

中で修正し，作成をしていくようにする。その際，とらえている実態がはたして適切なとらえとなっているかを，他の保育者など多くの人の目で評価し，子どもの発達と計画とのずれをどのような方法で，どのような期間に修正していくかを評価・省察する必要がある。

2．指導計画の評価・改善

　指導計画を作成し，実際に保育を行うなかで反省や評価をもとに，次の指導計画を修正し改善を図っていく。
　① 日々の記録をもとに実態を捉える（個と集団）
　② 月，学期などの長期的な視点で振り返り，育ちが変化する時期をとらえる。
　③ 指導計画が子どもの発達に沿ったものであるかを見直し，修正する。
　④ 次の育ちに移行していく時期を振り返り，教育課程の見直し，修正・改善に生かす。
　①～④の見直し，修正，改善については，個々の保育者が自分の保育を振り返ることを基盤にして，お互いに保育のあり方を確認しあい，そのことが園全体の保育の質を高めていくことにつながる。

3　教育課程の評価・改善

　指導計画の評価・改善とともに行われなければならないのが教育課程の評価・改善である。
　8章で述べられているように，様々な環境の変化を受けて現代を生きている幼児の実態から多くの問題点が浮かび上がっている。家庭や地域と緊密な連携を図りながら，幼児にとって必要な体験を園生活の中に取り込み，幼児期にふさわしい体験を保障するために園全体の計画の根幹をなす教育課程を評価し，改善することは避けられない。
　日々累積される保育の記録をもとに園内で行われる評価・改善における配慮事項について考える。
　教育課程評価の項目としてたとえば①幼児の成長，発達と指導計画のねらい

や内容のかかわり（個と集団の育ち・異年齢交流）②教師の指導方法・教材研究③教職員の保育に対する共通理解・協力体制④行事など大きな活動の運営・時期⑤小学校や保育所との交流活動⑥保護者との連携協力⑦地域との連携・協力⑧安全管理⑨園全体の環境整備等の観点が考えられる。各園でより充実した園生活を展開するため，園全体を成長，発展させていくためにさまざまな観点から評価・改善が行われることが求められる。

(1) 評価・改善の観点

幼児の活動する姿の記録から得られる観点を活かす

幼稚園という集団の場で一人ひとりの幼児が安定し自己を発揮し，周りのものや友達とかかわり成長，発達をすることができたか，について日々の記録や省察を基に振り返り園全体で評価する。また，クラス，学年という集団の成長の過程，年齢を超えた異年齢の交流の実態などの視点からも評価を行うことが必要である。

家庭との連携から得られる観点を活かす

日常的な保護者とのかかわり，たとえば「園から家庭から」のような個人通信，個人面談，クラスの枠を超えた子育て支援の話し合いの会等において保護者の意見や期待を収集する。また行事後や学期末に保護者アンケートを実施しその結果を分析し，公表し，教育課程の評価・改善に活かすことが必要である。

外部の方々から得られる観点を活かす

保育所，小学校や地域の方々との交流活動を通して得られる評価は貴重な視点である。幼児教育の専門ではない学校関係者や地域の方々，未就園児の保護者たちなど，いわば外部の方々から得られる視点を評価・改善に活かし，その結果を公表することは地域の中に存在する幼稚園のあり方として重要なことである。

外からは見えにくい幼児教育の本質や子どもの側に立つ幼児理解の実際などを理解していただくことは，単に一幼稚園の問題ではない。毎月19日を子どもと大人が共に育ちあう「共育の日」（http://www.forum21.gr.jp）とする動きなど，社会全体で子ども達を育てていくことが，今，求められている。

（2） 評価・改善の意味

　教育課程の評価は年度末に評価，改善する場合が多いと思われるが，一年という長いスパンではなく，たとえば学期ごとに，また大きな行事の終了後にも評価することが望ましい。そのためには指導計画と教育課程が乖離していてはならないのであり，教師が日々の省察の際に拠り所とし，評価・改善に取り組みやすい教育課程編成の工夫が望まれる。

　教育課程の評価は目の前にいる幼児の実態と関連が重視されることから，ある幼稚園では年度末ではなく新年度になってから教育課程の評価・改善を行っている。すなわち新年度に受け入れた3歳児，4歳児入園児，最年長になった5歳児たちの生活する姿を踏まえたうえで，例年4月に記録を持ち寄り，教育課程の評価・改善に取り組んでいる。

　教育課程の文言の行間にはさまざまな幼児の生活する姿が織り込まれているものなのであり，指導計画と教育課程の関連性を見直したい。

　また，教育課程を評価する意義は修正，改善の観点に限ったことではない。岡上（2009）は評価・改善を効果的に行うために大切なことの一つとして次のように指摘している。

　　教育課程の評価は，ややもすると改善すべき問題点にのみ目を向けがちになり，教育活動の成果を確認することが少ない場合がある。成果の自覚は，次年度の教育活動への保育者の意欲につながり，幼稚園をより活性化するものであるので，教育活動の成果について積極的に評価していく。

　長期的，俯瞰的な教育課程の視点から改めて自らの保育実践の成果をとらえ，さらにより充実した保育実践を構想するために，一人ひとりの保育者が意欲的に教育課程の評価・改善に取り組むことが望まれる。

3　園全体の保育の質を高めるための評価

　園全体の保育の質を高めるために，幼稚園においては「幼稚園における学校評価ガイドライン」（文部科学省・平成20年3月）に添って学校評価が行われている。保育所においては「保育所における自己評価ガイドライン」（厚生労

働省・平成21年3月）に添って自己評価及び第三者評価が行われている。

1. 幼稚園における学校評価

　平成14（2002）年4月に施行された幼稚園設置基準において各幼稚園は自己評価の実施と結果の公表に努めることとされ，さらに平成19（2007）年6月の学校教育法，10月の学校教育法施行規則の改正により平成20（2008）年1月に「学校評価ガイドライン〔改訂〕」が作成された。このガイドラインの内容に準ずるとともに幼稚園の特性を考慮し，調査研究協力者会議における議論を行い，平成20（2008）年3月に「幼稚園における学校評価ガイドライン」が作成された。このような経緯を経て示された幼稚園における学校評価の目的は次の3つである。

① 自らの教育活動その他の学校運営について，目指すべき目標を設定し，その達成状況や達成に向けた取組の適切さ等について評価することにより，**学校として組織的・継続的な改善を図ること**

② 評価の実施やその結果の公表・説明により，**適切な説明責任を果たす**とともに保護者，地域住民等から理解と参画を得て，**学校・家庭・地域の連携協力による学校づくりを進めること**

③ 学校評価の結果に応じて，学校に対する支援や条件整備等の改善措置を講じることにより，**一定水準の教育の質を保証し，その向上を図ること**

　岩立（2010年）は学校評価により達成される3つの目的と，関連して得られる効果を図に表し，解説している。（図・表6-3）

　　たとえば①教育の実践や成果を検証し，園としての組織的・継続的な改善が図られていくと同時に，②評価の実施や公表・説明により，保護者や地域に対して説明責任を果たしていくと④に示す「保護者からの信頼」が得られる可能性がある。
　　③課題を改善することにより，一定水準の教育・保育の質を保証しつつ，②説明責任を果たしていくと，⑤に示す幼児教育の専門的内容やねらいを多くの人に理解してもらえるだろう。（中略）学校評価とその結果の協評を通して幼稚園教育の重要性，専門性を再認識する機会を提供することになる
　　①園の組織的・継続的な改善を行い，③一定水準の教育を保証していくと⑥一人一人の教員の資質の向上や，園全体が教育の質の向上を目指してより一層，活気に

図・表6-3　学校評価の実施によって得られる効果

社会から信頼される幼稚園

①園の組織的・継続的な改善
④保護者からの信頼　⑥園全体の活性化
教育の質の向上
②説明責任　③一定水準の教育の質の保証
⑤幼児教育の重要性の周知

(出典：岩立京子「幼児教育　質の高い学校関係者評価のための足場づくり」　文部科学省教育課程課・幼児教育課　『初等教育資料』No.863　東洋館出版社，2010年，p.95)

満ちた共同体になっていくかもしれない

　このように学校評価がよく機能し，幼児期の教育の専門性や本質が公表されることにより，「幼稚園が専門的な教育施設として社会からの信頼を得ることができるようになっていくだろう」(岩立，2010)。

　積極的に学校評価を行うことにより，一般社会においても幼児期の教育の本質が理解され，さらにさまざまな教育課程の改善につながることが期待される。

2．保育所における自己評価と第三者評価

　平成20年「保育所保育指針」において「保育内容等の自己評価」が示されている。自己評価の観点について，「保育所における自己評価ガイドラインでは次のように述べている。「保育所の日々の実践や保育内容の根幹となっている4つの柱，すなわち，Ⅰ．保育理念，Ⅱ．子どもの発達援助，Ⅲ．保護者に対する支援，Ⅳ．保育を支える組織的基盤を示し，それぞれに項目を立てて，自己評価の観点を明確にしています。これらと保育指針との関連を捉え，各保育所で，具体的な評価項目を設定することが重要です」。

また第三者評価について，保育所保育指針解説書において次のように述べられている。「第三者評価は2002年にスタートした。根拠となる法律は2000年の社会福祉法であり，その78条に「福祉サービスの質の向上を図るための措置等」について「社会福祉事業の経営者は，自ら提供するサービスの質の評価を行うことなどにより，常に福祉サービスを受ける側の立場に立って，良質かつ適切な福祉サービスを提供するように努めなければならない。(後略)」
　さらに第三者評価の意義について次の二点を述べている。
・第一は，第三者評価を受ける事前の自己評価に職員一人一人が主体的に参画することで，職員の意識改革と協働性を高めること
・第二は，第三者評価結果を利用者（保護者）へ報告し，利用者との協働体制を構築することにあるといえる
　乳幼児は自ら環境を選ぶことができない，そのことをしっかり心に留め，職員同士の協働性を高め保育の質の向上に努める。また保護者とも協働体制を構築することにより，子ども達の生きる日々の幸せが保障されるのである。保育士の自己評価は保育の計画，保育記録の記入による反省・評価をするなかで，保育を振り返り，自己評価を行い専門性の向上や保育実践の改善を図ることが期待されている。

　保育実践と指導計画・教育課程における評価の必要性とその有効な活用の仕方について述べてきた。保育者が子ども理解を深め，発達に即した指導を行うには，自らの保育を見直すことを必須のことととらえ，保育者は子どもたちのさまざまな姿を好意をもって受け止め，一人ひとりのよさを見つけ，伸びる芽をとらえていくことが重要である。そのためにも，いろいろな情報を取り入れ，子ども理解の視野を広げるようにすることが基盤となる。

演習問題
　A．子どもの実態をとらえる方法にはどのようなものがあるか具体的に話し

合ってみましょう。
B．日々の保育のなかでは，保育者は子ども理解を深め，発達に即した指導を行うためには子どもの実態を適切に把握することが求められ，特に内面の把握が重要なポイントです。どのようなことに配慮して子どもの内面をとらえていくかを話し合ってみましょう。
C．子どもの発達に即した指導を行うために，指導計画の作成に子どもの実態や課題をどのように反映させているか話し合ってみましょう。

7章 保育者のあり方とめざすもの

　保育者はどうあるべきか，何をめざしているのか。保育士の専門性とは何だろう。保育士の資質と専門性の向上，保育士としての成長はどうすればかなうのだろうか。質の高い保育実践をめざし，実際どのように保育が行われているのだろう。子どもの発達を促す保育士の援助とかかわりを，具体的な事例から考えてみよう。

　保育は子どもと共に主体的で創造的な営みである。日々の保育の実践とその振り返りと省察の積み重ねにより，子どもも保育者も成長が遂げられる。保育において，保育者の人間性や価値観が自ずと表れる。何を求め歩んでいるのかなど生きる姿勢も問われる。保育者としての成長は，人間としての成長と相まっている。

1　保育士の倫理

1．保育士の専門性

　「保育所保育指針」の第1章総則　2保育所の役割のなかで，保育士の専門性について述べられている。

> **保育所保育指針　第1章　総則　　2　保育所の役割**
> （4）保育所における保育士は，児童福祉法第18条の4の規定を踏まえ，保育所の役割及び機能が適切に発揮されるように，倫理観に裏付けられた専門的知識，技術及び判断をもって，子どもを保育するとともに，子どもの保護者に対する保育に関する指導を行うものである。

　厚生労働省編の解説書には，保育士の専門性として，次の6項目を挙げている。

① 子どもの発達に関する専門的知識を基に子どもの育ちを見通し，その成長・発達を援助する技術
② 子どもの発達過程や意欲を踏まえ，子ども自らが生活していく力を細やかに助ける生活援助の知識・技術
③ 保育所内外の空間や物的環境，様々な遊具や素材，自然環境や人的環境を生かし，保育の環境を構成していく技術
④ 子どもの経験や興味・関心を踏まえ，様々な遊びを展開していくための知識・技術
⑤ 子ども同士の関わりや子どもと保護者の関わりなどを見守り，その気持ちに寄り添いながら適宜必要な援助をしていく関係構築の知識・技術
⑥ 保護者等への相談・助言に関する知識・技術など。

そして，これらの専門的知識・技術と判断は，倫理観に裏づけられていることが求められている。倫理は，保育士の専門性の規範にかかわる事柄である。

2．保育士の倫理と全国保育士会倫理綱領

「保育所保育指針」の第7章 職員の資質向上において，「第1章（総則）から前章（保護者に対する支援）までに示された事項を踏まえ，保育所は，質の高い保育を展開するため，絶えず，一人一人の職員についての資質向上及び職員全体の専門性の向上を図るよう努めなければならない。」と記し，職員の資質向上に関する基本的事項として，「（1）子どもの最善の利益を考慮し，人権に配慮した保育を行うためには，職員一人一人の倫理観，人間性並びに保育所職員としての職務及び責任の理解と自覚が基盤となること。」と述べている。

そして，厚生労働省編の解説書のコラムに，「全国保育士会倫理綱領」が掲載されている。この倫理綱領は，保育所保育の原理と保育士がその専門性をもって保育を実施する規範と保育士の社会的使命と責務を提示している。

『全国保育士会倫理綱領ガイドブック』で，柏女（2009）は「保育士の責務と倫理」と題し，この倫理綱領の概要と活用について述べている。その一部を紹介しよう。

■**子どもを産み育てにくい社会**：その現状が説かれ，「人と人とのつながりの

希薄化，倫理観の劣化が，それらの現象に拍車をかけています。子どもが育つこと，子どもを産み育てることを社会が評価しないため，子育ての苦労が喜びを上回り，厭(いと)われていくのです。」と，指摘している。

■**保育士の責務**：「全国保育士会倫理綱領の前文で，『私たちは，子どもの育ちを支えます。／私たちは，保護者の子育てを支えます。／私たちは，子どもと子育てにやさしい社会をつくります。』と謳(うた)います。子育てについての専門職でもある保育士は，保育という営みを通して子どもの育ちを援助するとともに，その保護者の子育てに共感し，精一杯応援してほしいと思います。(中略)さらには，このような社会状況であるからこそ，社会のありように関し，子どもの育ちや子育ての代弁者としての発言や行動に努めてほしいと思います。それが，『子どもと子育てにやさしい社会づくり』につながっていきます。」(後略)

そして最後に，「倫理綱領が利用者にも周知され，また，個々の保育士の保育実践に落とし込まれることを通して子どもの育ち，子育てが保障され，子どもと子育て，いのちを育む営みをしっかりと評価し，大切にする社会づくりが進んでいくことを心から願っています。」と期待を語っている。

2　質の高い保育実践をめざして

「保育所保育指針」第2章　子どもの発達において，「特に大切なのは，人との関わりであり，愛情豊かで思慮深い大人による保護や世話などを通して，大人と子どもの相互の関わりが十分に行われることが重要である。」と記されている。子どもの発達を促す保育士の援助やかかわりを，0，1歳児クラスでの保育場面から，具体的に考えてみよう。

〈事　例　7-1〉

> **おやつ**
> 　ほとんどの子どもたちがいすに座り，テーブルについている。1人の保育士が「ひな祭り」の歌に身振りをつけて歌い，15人の子どもたちもまねている。

> 保育士が「楽しそう」と言いながら、席に着いていない1人の子どもに声をかけ、そっと手を引きテーブルへと送る。子どもは用意してあるいすに座る。保育士は後からいすを整える。……………………………………………①
> 保育士も一緒に歌い身振りをし、「じょうず」と子どもたちをほめる。 …②
> 一人ひとり牛乳を飲み、おやつをもらう。「きれいに飲めた」と頭をなでる。
> ……………………………………………………………………………………③
> 保育士「みんな 何もらったの？ミルキー？」「おいしい？」…………④
> そばにいた子どもが食べ終わり、保育士「ごちそうさまでした」と言う。⑤
> 保育士「飲めるようになった？」「すごいじゃない」と感心する。………⑥
> 保育士「お顔ふいてあげる」と、口もとが汚れている子どもの顔を拭く。⑦
> ほとんどの子ども達が食べ終わり残っているいすを片づけるとき、「おいす片づけていい？」「おいしい？」とまだ食べている子どもに声をかける。…⑧

1．細やかな援助とかかわり

　朝、随時登所した子どもたちは保育士に温かく迎えられ、それぞれが自由な遊びを楽しんだ。そのあと排泄を済ませ手を洗い、みんながそろっておやつをいただく場面である。新しい朝の出会いから保育所の生活が始まり、一人ひとりの発達やその日の子どもの状況に沿った保育がすでになされているが、おやつの場面から保育士の保育行為を考えてみよう。

①　「楽しそう」と、保育士の感じたことを耳にした子どもは周りに気づき、さらに保育士のさりげない誘いに促され、自分でいすに座る。保育士が前面に出るのではなく、子ども自らが行動するように援助している。どこまで援助が必要かは、子ども一人ひとりまた状況によって異なる。

⑧　そばで食べている子どもたちに、「ゆっくり食べていていいのよ。」という気持ちをこめて発せられた言葉である。まだ食べ終わらないのにそばで片づけ始められたら、落ち着かないものである。相手が幼児であっても同じである。相手（子ども）がどういう気持ちを抱くか相手の立場に立って行動することが大切である。保育士の細やかな援助とかかわりがわかる。

　倉橋（2008／初版1936）は、『育ての心』の中で書いている文章の一部を紹介しよう。

まめやかさ

　生える力，伸びる力。それに驚く心がなくては，自然も子どもも，ほんとうには分らない。が，驚きだけでは，詩と研究とが生まれても，教育にはならない。教育者は詠嘆者たるだけではないからである。子どもの力に絶えず驚きながら，その詠嘆のひまもすきもない程に，こまかい心づかいに忙しいのが教育であり，教育者である。

　教育のめざすところは大きい。教育者の希望は遠い。しかし，其の日々の仕事はこまごまと極めて手近なことである。丁度，園芸の目的は花にあり果実にありながら，園丁の仕事があの通りなのと同じである。よき園芸家とは，まめな人である。実際に行き届く人である。休む間もない気くばりに，目と手と足の絶えず働いている人である。やがて咲かせたい花のことも，熟させたい果実のことも，手をあけて思う間もない程に，目の前の世話に忠実な人である。

　驚く心がそのまますぐ実際のまめやかさになる人，そういう人が実際教育者である。

　事例7-1の①から⑧は，まだ言葉が充分話せない子どもたちに対して発せられた言葉である。
- 「ごちそうさまでした」と，子どもに代わって挨拶を言う。……………⑤
- 子どもにたずねる。子どもとの会話を誘う。……………………④⑤⑧
- 保育士自身が感じ，感心し子どもをほめる。……………………②③⑥
- 子どもの動きを誘う。………………………………………………………①
- 保育士の行動を言葉で伝える。……………………………………………⑦
- 一人ひとりを気づかう。……………………………………………………⑧

　このおやつの場面で子どもはあまり言葉を発していないものの，保育士の豊かな言葉かけにより，穏やかで温かく生き生きとした雰囲気が醸し出されている。生き生きとした，一人ひとりが受容され子どもが安定感や安心感をもって生活する場で，言葉の発達が促されている。

　事例7-1では，保育において養護と教育が一体であることを示している。

保育には子どものありのままを受け止め，その心の安定を図りながら，きめ細かく対応していく養護的側面と，子どもの成長・発達を促し，導いていく教育的側面がある。この両側面が一体となって保育が展開されている。

2．発達を促す保育活動の展開

この日の主な活動は，体を充分使う運動遊びと手先を使う活動（ボタンはめ，スナップ留めなど）である。運動遊びでは，体全体を思い切り使い，開放感とスキンシップを楽しむことがねらいで，滑り台や広いマットレスが設定された。

こうした遊びを子どもたちは好む。しかし，子どもが楽しく充実感や満足感や達成感を感じ，発達の体験となる豊かな活動が展開されるには，保育士の心と頭と体に全力が注がれる。保育士は一人ひとりの子どもの個性や心身の発達状態を把握している。子どもの主体性を大切にしながら子どもと活動を共にし，気持ちを通わせつつ，遊びの展開と適切な援助を行う。

一人ひとりの丁寧なかかわりは基本である。それを踏まえつつ，全体の状況をとらえて予測し，ときに瞬時に判断をして新たな動きが決められていく。保育の過程で行われている大切な点を，一人の保育士の行動から考えてみよう。

〈事　例　7-2〉

広いふわふわマットレスで
○ジャンプ
　押し入れの中段の片側に台が斜めにかけられ，片側に滑り台の板が設置された。子どもは下から台をよじ登り，中央部からジャンプをする子どももいる。下に保育士がいて，押し入れの中にいる子どもたちにジャンプをするように誘う。
　子どもたちは，保育士に片手，あるいは両手，あるいは指1本を持ってもらい跳ぶ。「うさぎになって」「朝ですよ」「いらっしゃい」と励まし誘う。　…①
○相撲
　押し入れの前はマットが敷いてある。そのマットにつなげて，部屋の壁まで大きなふわふわの厚いマットレスが敷いてある。（4畳半位）子どもたちはジャンプをしたり，ごろごろ転がったり楽しむ。

保育士の呼び出しの声で，子どもと保育士が相撲をとる。まわりの子どもたちも加わってくる。保育士が子どもを転がしたり，保育士が子どもに転がされたり，子どもと一緒に転がったりする。……………………………………②
○毛布のブランコ
　保育士２人で毛布の両端を持ち，子どもを乗せて揺らす。
　「ブ〜ラン，ブ〜ラン」，「おまけのおまけの……」と小刻みに速く揺らし，マットレスに転がり下ろす。マットレスの上にいる子どもにぶつかり，「楽しそう，だんごになるのが好きよね」と笑う。
　数人の子どもたちが集まってくる。……………………………………③
　すぐに別の保育士がバトンを持って来る。保育士２人がバトンの両端を持ち，バトンにぶら下がった子どもがマットレスに跳び下りる遊びを始める。毛布のブランコを待つ子どもたち数人がこの遊びに移る。………………………④
　保育士「やっていないお友だち〜」と，別のコーナーにいる子どもを誘いに行く。………………………………………………………………………⑤
○空中でんぐり返し
　保育士がマットレスを這い這いし，でんぐり返しをする。数人の子どもたちもやってみる。子どもたちのでんぐり返しが安全に楽しんでできるよう，保育士は一人ひとりを援助する。……………………………………………⑥
　保育士がマットレスに寝転がり，足（ひざ下）の上に子どもを乗せ，子どもの両脇を支えて上下に揺らし，弾みをつけて保育士の頭の上を一回転させ向こう側に下ろす。何人もの子どもたちがそれをやってもらい，喜んでいる。…⑦
　別の保育士も，このでんぐり返しを試みる。………………………………⑧
○布のブランコから
　１歳女児が布（キルティングのマット）を持って保育士の所に来る。その布に人形を乗せ，保育士と女児で布の両端を持って「ブ〜ラン，ブ〜ラン」と揺らす。数人の子どもたちが加わり，一緒に布を持とうとするが，女児は嫌がる。
　別の保育士が大きい風呂敷を持ってくる。５，６人の子どもたちがたくさんのボールを乗せて風呂敷を揺らす。……………………………………………⑨
　保育士が近くにあったフェルト（スナップ留め活動用）数枚を女児に渡し，「『ありましたよ』って，持って行って」と言う。女児は，フェルトを持って机に向かう。いすに座り，フェルトのスナップ留めの活動をやり始める。…⑩

保育士が遊ぶ

　保育士は相撲，毛布のブランコ，でんぐり返しと遊びを始めている。これら

はどれも子どもたちがすでに楽しさを体験している遊びである。保育士の遊びに興味をもった子どもたち数人が集まり，遊びが展開される。………②③⑥⑦

そこで保育士は一人ひとりの発達に即した援助やかかわりをする。遊びながら意欲や好奇心や思考力が養われる働きかけがされ，遊びも発展していく。

保育士同士の連携

楽しさにひきつけられた何人もの子どもたちは，順番を待つことになる。すかさず近くにいた保育士が別の楽しい遊びを始め，その遊びにも関心が向く。待つ間に遊びへの意欲や高まりが衰えないように配慮している。………④

空中でんぐり返しは，保育士が子どもと遊ぶなかで生まれたもので，若い保育士もコツを教わり挑戦する。保育士が互いに学ぶことも大切である。……⑧

子どもの要求に応える

活動が盛り上がり満たされると，子どもは自分から遊びをつくり始める。1歳女児は目的をもって保育士のところに来る。女児の思いをくみ取った保育士は，その遊びの実現に応える。ところが2人の遊びに触発され，一気に子どもたちが集まり遊びに加わろうとする。女児は保育士と2人だけの活動を欲していた。そのことを察した別の保育士は，女児以外の子どもたちだけの遊びへと誘導している。これは先に述べた保育士同士の連携の大切さも示している。…⑨

誘う

保育士が楽しそうに遊び活動することは，子どもの自発的な活動の誘いになっている。①の「うさぎになって」という一連の言葉は，子どもたちが遊んだことのあるわらべ歌の文句であり，年齢にふさわしい優しい誘いかけである。自分から遊びに入れる子どもばかりではない。保育士が誘わないと遊びに入れない子どももいる。マットレスに子どもが少なくなったころ，保育士はそうした子どもとかかわるため誘いに行く。………………………………⑤

⑨の場面は，多くの子どもたちがいて，ぶつかり合いが起きそうな気配であった。それを察知した保育士は充分遊んだ女児が別の活動に移るきっかけをつくる。機転のきいた働きかけで女児はスムーズに新しい活動に取り組む。⑩

3 保育士としての成長に向かって

1．子ども理解の共有

　全力を注いでなされる保育実践で，保育士は一人ひとりの子どもについてさまざまなことに気づく。この子にこんな面が，こんな力が，と新たな発見や驚き，そしてどうして，と問題を感じるときもある。複数の保育士で保育を行う場合，その日のうちに，さまざまな場面でいろいろなかかわりのなかで感じたこと，新たに気づいたことやわかったことなどを出し合って話し合い，一人ひとりの子どもの理解を深める。

　その日の行動や成長や特記すべきことなどを記録にとどめ，保育士同士が子どもの理解を共通にしておくことが大切である。そして，新たな保育課題が見いだされ，明日からの保育に保育士が共に心がけることができる。家庭環境や状況にも関係する場合は，保護者や家族と連携して理解や協力をし合うことも必要である。

2．保育と自己の省察

　保育士は子どもと生活や行動を共にしつつ，そのとき感じられたことをもとに判断して子どもにかかわる。言葉で話せない子どもの場合はなおさらのこと，表情やしぐさなどから状況を読み取り，子どもの思いや要求を受け止め，子どもにふさわしい行動をとろうとする。こうして保育は展開され一日が終わる。

　保育が終わった後，自分の保育の振り返りをする。これは保育士の成長にとって欠かせない作業である。自分のとった行動が子どもの思いや要求に沿っていただろうか。自分があのような行動をとったのはなぜだろう。何によって，何を見て，何を感じてそう判断したのか，など，子どもの側に立って，自分の行動を自分で分析する。そうすると，動いているときには気づかなかった子どもの行動の意味が，新たに発見できる。

　ときには，子どもの一面しか見ていなかったことや，見落としていたことや，

もう少し待ってみてもよかった，などと気づかされる。また，もっと丁寧に親切に子どもに応えてあげればよかった，と反省もする。こうして新たな子ども理解をもって，また新しく変えられた自分で，さっそく明日から課題をもって意欲的に保育に臨むことができる。また時を経てそれまでの経過をたどってみると，子どもの確かな成長の過程が明らかになる。それは喜びであり，明日への保育の原動力になる。その後の育ちを見通し，次への保育課題を見いだすことができる。

　保育は主体的で創造的な営みである。そのときよかれと判断してとった行動でも，もっと別なかかわり方はなかっただろうかと省察する。そしていくつかの可能なかかわり方を想像し思い描いてみる。行動のレパートリーを増やすことにより，今度そうした場面に出合ったときかかわり方に幅ができ，柔軟でよりふさわしい対応ができる。そのことは，かかわり方に限らない。子どもに提供する歌や教材を探し習得したり，遊びを工夫したり，保育環境や遊具や素材など保育内容や保育技術など，保育士の専門性全般に及ぶ。

　こうした日々の保育実践と省察の循環により，質の高い保育実践と子ども理解や保育研究が積み重なっていき，しだいに保育士としての専門性が向上し，保育士としての成長がかなえられる。

3．人間としての成長

　かけがえのない命の誕生から，子どもは自ら育つ力をもっている。そして自分らしくよりよく生きようとしている。保育者と子どもは互いに信頼しあい，心を通わせ，よりよいものを求めてともに「いまを生きている」。保育者が子どもと出会い向き合うとき，人格をもった一人の人間として相対し，保育者のその人らしさや人間性が自ずと表われる。

　子どもが幼ければ幼いほど，子どもに与える影響は大きい。'人間に育つ'子どもにかかわる保育者は，自身の人間性や生き方や生きる姿勢も問われてくる。保育士としての成長は，人間としての成長に相まっている。

　先に引用した'愛情豊かで思慮深い大人'について考えてみよう。これは目の前の子どもをかわいがり大切にすることだけではない。たとえば，子どもで

も大人でも一人ひとり思いや考えや立場が違い，時に対立やぶつかり合いが生じることがある。そのとき保育士は相手の気持ちを受け止め，その違いを互いに知って認め，共に生きる道を見出すあり方を模索する。

そこには相手を思いやる感受性や寛容さや知恵や忍耐力が必要である。保育の場で平和をつくり出す営みが行われている。人と人がそれぞれ考え方や思いが違っていても，互いに認め合い共存するあり方により，身近な人間関係から平和が実現され，ひいては社会を変える力になる。子どもたちは次の時代を担っていく。

今，子どもを取り巻く環境や社会情勢にも関心をもち，また世界の子どもたちにも目を向ける広い視野ももちたい。津守（2009）が「子どもは一緒に人生を歩み学ぶ仲間である。この子たちは，生活の最前線で，世界の平和の一翼を担う仲間である。」と示唆に富む言葉を述べている。

「どんな子どもに育ってほしいか」「保育とは」「どんな保育者になりたいか」「いかに生きるべきか」「大切なものはなにか」など，自分の子ども観・保育観・人生観・価値観を，実践から学びつつたえず求め続けていきたい。自然や文化芸術に対する感受性を磨きつつ，本当のもの，真実なことを尋ねてたゆまず歩む，その姿勢が大切である。子どもが人間になる保育に携わることにより，保育者も人間として成長させられる。再び『育ての心』から含蓄のある文を引用しよう（倉橋，2008／初版1936）。

にじみ出る真実性

あなたのもっていられる貴いもの，美しいもの，賢いもの，みんなそのままに受ける力は子どもにはない。その意味で，折角のあなたの感化も彼等には及ばないものが多いかも知れない。そのまた逆は，あなたのもっている欠点をも，彼等の前に或る程度までは隠し，つくろうことが出来るかも知れない。素より意識してそうするわけではないが，そういうことで済む場合も少なくあるまい。ただ一つ，あなたのもつ真実性，あなたの性格の底からにじみ出る真実性は，どんな幼い子どもの心にも届かずにはいない。方法でもなく術でもなく，或る日，或る時，ふとにじみ出るあなたの

真実性こそは，幼い子どもの心に，強い深い感化を与えずにはいない。その逆に，もし，あなたに真実性が欠けている時は，それがまたそのままに，幼い子どもの心を不真実にせずには已まないであろう。

演習問題

A．保育士の専門性とは何か，考えてみましょう。また，全国保育士会倫理綱領を読み，そのねらいと内容をまとめてみましょう。

B．自分の保育体験において，行動とそのとき感じたことや思ったことを記録し，それに基づき，振り返りと省察を行ってみましょう。

C．「どんな保育者になりたいか」「保育で何が大切か」について，自分の考えをまとめてみましょう。また，そのことについて，グループで話し合ってみましょう。

8章 幼児教育の現代的課題と教育課程

　この章では，幼児教育の現代的課題について考える。都市化や情報化，少子高齢化に伴い，人々の生活スタイルが大きく変化してきた。家庭や地域から子どもが安心して遊べる場がなくなり，以前のような豊かな体験が保障できなくなってきている。このような環境の変化に伴い，幼児教育施設の果たす役割が以前にもまして重要になり，これまでにない新たな機能も要請されてきている。

　ここでは，子どもの生活リズム，食育，人とのかかわり，幼小連携，保護者の成長支援の5つを取り上げる。保育者は，これらの現代的な課題が，自園の子どもたちにどのような形で表れているかをとらえ，教育課程に取り込み，幼児にとってふさわしい生活を創造していくことが求められている。

1 はじめに

　教育課程は，それぞれの幼稚園でそこに通う子どもたちの実態をもとにしてつくられるものである。日本の幼稚園教育要領は，各園に画一的な教育課程を求めることをせずに，園の実情に合わせて，独自に教育課程を編成する自由を認めている。その自由を生かし責任を果たすためにも，保育者は現代の子どもにかかわる教育の課題や状況の変化を的確にとらえておく必要がある。

　平成20年の幼稚園教育要領と保育所保育指針の改訂に先立って，その数年前から，国レベルで子どもの現状分析や教育の課題にかかわる議論が行われていた。それをまとめたものが，平成17（2005）年の中央教育審議会のまとめである。そこには，現代の子どもの課題として，「基本的生活習慣が身についていない」「人とかかわる力が弱い」「規範意識の低下」「運動能力の低下」「学びに

対する消極性」などが挙げられている。

　これらを踏まえて，幼児教育段階の課題として，①発達や学びの連続性及び幼稚園での生活と家庭などでの生活の連続性を確保する　②子育ての支援と教育課程終了後等の保育の適切化，の2つが挙げられ，教育要領改訂の基本方針となった。

　保育内容面では，「健康」の領域に食育が導入され，積極的に体を動かすことが示された。また「人間関係」は今回特に改訂が多く，ねらいがより丁寧になり，新しい内容項目「協同の経験」が付加された。内容の取り扱いに「自信をもって行動すること」「規範意識の形成」などが加えられた。「環境」においては「思考力の育成」，「言葉」においては「言葉による伝えあいの重視」，「表現」においては「表現の過程の重視と自己表現」が内容の取り扱いのレベルで改訂された。

　また，「指導計画及び教育課程にかかる教育時間の終了後に行う教育活動などの留意事項」で，小学校への移行や保護者支援の課題，終了後保育の適切化が盛り込まれた。

　本章では，これらを念頭におきながら，今，要請されている幼児教育の課題を（1）**生活リズム**にかかわる課題，（2）**食育**にかかわる課題，（3）**人とのかかわり**に関する課題，（4）**小学校への移行**の課題，（5）**保護者支援**の課題の5つを取り上げ，これらを幼稚園の教育課程や指導計画にどのように位置づけていくかを考えることとする。

2　生活リズムにかかわる課題

1．幼児期の生活リズムと睡眠

　個人の生活リズムを決定するものは，睡眠と食事である。どちらも生理的行動であるが，その人の文化的心理的な状況に大きく影響されるものでもある。生まれたばかりの子どもの睡眠は，日に何度も覚醒と睡眠を繰り返す多相性睡眠であるが，幼児期の数年間に，日中の睡眠を必要としなくなる夜間集中型の

単相性睡眠に徐々に移行していく。おおよそ，年長児ごろがこれにあたる。また，ヒトのもつ生物リズムは25時間周期であるが，昼夜の光刺激に合わせて日々修正しながら24時間周期の生活を営むようになっていく。

　子どもは，家庭の日常生活の中でこの睡眠のパターンをさほど意識することなく獲得してきた。しかし，都市化の進展に伴い，大人の夜型生活リズムに巻き込まれている子どもが多く見られるようになってきた。その結果，睡眠や食事のリズムが確立しないままに生活している子どもが少なからずいることが，大きな問題になっている。

　この30年間に幼児の就寝時刻は約1時間遅くなっている。起床時刻は大きく変化していないので，睡眠時間が減っているということになる。この睡眠時間の減少が，幼児の発達の諸側面に悪影響を及ぼしているという調査結果が出ている。睡眠時間の少ない子どもは，指さしや喃語(なんご)が遅い，言語理解が遅い，ということである。

　これらは直接睡眠が影響を与えているというよりも，睡眠時間の少なさに象徴されるような生活リズムや生活内容が，子どもの発達に影響を及ぼしていると考えられる。この違いは，年齢が上がるにつれてより明確になり，小・中学生では，体力や運動能力，学力との相関が明らかになっている。

　とくに，家庭で生活している就園前の幼児は，成人の夜型リズムに影響を受けやすく，1～3歳で，夜10時以降に就寝する子どもが6割近いという調査結果がある。このようなリズムが基本になるとそれが生理的習慣となり，変更することが困難になっていく。その極端な現象として，「夜行性ベビー」の存在がある。夜間にテレビなどの刺激的な映像を長時間見て興奮し，朝になってようやく疲れて寝てしまう子どもである。保護者は，寝ないから仕方がない，昼は起きないからそのままで，子どもに向き合い行動を変えさせる意識をもてないでいる。このように極端な形ではないにしても，深夜のコンビニや酒を供(きょう)する場に，大人と一緒にいる幼児を見かけることも珍しくはなくなった。

　このような夜型生活の影響が，就園後の家庭生活にも園生活にも及んできている。子どもや保護者が朝起きられないので，朝食も落ち着いてとれず，体が目覚めないままの遅い登園になる。当然ながら園生活のスタートから出遅れ，

十分に体や心を動かすことができない。生理的にも心理的にも充実せず，不機嫌になることが多く，友達とのかかわりにも影響している。クラスに何人かそのような子どもがいれば，保育も影響を受ける。

2．生活リズムの確立と教育課程

　このような姿に対して，園としてできることを講じていく必要がある。一人ひとりの園での様子を見て，問題がある場合には，保育者や園の方から保護者に働きかけていく必要がある。保護者は，夜型の子どもについて，家庭で大きな支障が出なければ，さほど重大視しない傾向がある。

　また家庭によっては，大人とは別の生活リズムを子どもにつくるのが難しい場合もある。それらの事情を考慮したうえで，個別に話し合うことも必要である。また，講演や学習会などで定期的に取り上げることも効果的である。

　それと同時にこのことを意識した教育課程にしていくことが重要である。具体的には，子どもが知らず知らずのうちに体を動かしてしまうような環境や指導計画をつくり，体を動かすことの楽しさを体験できるようにする。できるだけ屋外に連れ出し，自然とかかわることによって，運動量の多い生活をつくり出していくことである。

　そのためにも，園庭をはじめ園舎の周囲に表情豊かな屋外環境をつくることが重要である。園庭が小学校の運動場のようでは，幼児は魅力を感じず，そこへ行こうという気持ちになれない。思わず行きたくなったり，そこにいるだけで心地よいと感じたり，かかわってみたくなるようなしつらえをしておくことがポイントである。

　環境については，**アフォーダンス**という考え方が参考になる。アフォーダンスとは，環境が方向性をもって人に働きかけてくることである。ベンチがあれば座りたくなり，小さな山があれば登りたくなり，樹木があれば暑い日でもそこに行きたくなる。園庭や保育室がどのようなアフォーダンスをもっているかという視点で検討し直すことができる。

　園庭については，避難集合や年長児のボール遊びなどのためのある程度の広さや安全性を確保したうえで，できるだけ表情豊かにすることで子どもを誘い

出すことができる。樹木を植えて木陰をつくったり，築山などで高低をつけたり，そこへ行き遊びたくなるような空間にしておく。実のなる樹木を植え，草花を植え，小さな生き物にも適し，虫とりや採集など，子どもが豊かにかかわれる空間にする。

　また，屋内から屋外へと移行するための半屋外空間をつくることも有効である。できるだけ自然の空気に触れ，季節感を自分の身体で受けとめ，適応できるようにしておくことが重要だからである。そのような自然環境を園に取り込むことによって，子どもは自然からたくさんの恵みを受け，癒され，体を動かしてかかわることの面白さや充実感を味わうことができる。結果的に心地よい疲労や空腹を感じながら，食事にも意欲的になり，生活リズムもでき，身体もいつのまにか鍛えられ，健康的になっていく。

　園の内外の環境を整えながら，教育課程の基本に体を動かす生活を位置づけていく必要がある。冬期や雨天時の遊びや生活の再考も望まれるところである。

3　幼児期の食育について

1．幼児期の食育

　新教育要領では，保育内容「健康」に，「先生や友達と食べることを楽しむ」という指導事項が新しく加わり，「食育」を園の教育課程に加えることとなった。

　これに関連して内容の取り扱いに，「健康な心と体を育てるためには食育を通じた望ましい食習慣の形成が大切であることを踏まえ，幼児の食生活の実情に配慮し，和やかな雰囲気の中で教師や他の幼児と食べる喜びや楽しさを味わったり，様々な食べ物への興味や関心をもったりするなどし，進んで食べようとする気持ちが育つようにすること。」が新たに付け加えられた。

　ここでポイントとなることは，人と**共に食べる**ことを楽しむこと，食べ物へ興味や関心をもつこと，進んで食べようとする気持ちが育つようにすることである。

幼児期における食育は，いわゆる「栄養教育」のように，体が成長するために食べ物をバランスよく摂取することが重要なのだと，知識で理解して食べようとすることとは異なる。むしろ，身体を使った「食農教育」の手法を取り入れ，食べることに伴う総合的な体験をすることのほうが幼児の特性に合致する。

幼児期の食育については，食育基本法と同じ時期に厚生労働省の出した，「保育所における食育に関する指針」が参考になる。この指針では，育てたい子ども像として，①おなかのすくリズムを持てる子ども，②食べたいもの，好きなものが増える子ども，③一緒に食べたい人がいる子ども，④食事作り，準備にかかわる子ども，⑤食べ物を話題にする子ども，を挙げている。食に関する理解や知識を教えることではなく，食に関する基本的な体験を通して，食に対して意欲的な子どもを育てていくことがめざされている。

近年，食生活が家庭生活の中心から追いやられ，家族のつながりを体験する場にならず，自分の好きな物を好きなときに好きなだけ食べているという状況さえ生まれてきている。園において，友達や教師と共に食べる体験の中で，自然と共生して生きていることや，人と共に食べることが人にとっての喜びであり，共生の原点でもあることを，幼児期に感得しておくことが，人や世界への信頼の基盤になると考える。

2．食の原点を体験する

教育課程に食育を組み込む際に，このような食育の視点は重要である。まず，園生活の中に食の原体験が組み込まれるようにすることである。食の原体験とは，いわゆる食事だけでなく，自然の恵みを楽しみ受け取ること，食べ物の栽培や収穫をして食べること，簡単な調理などをしてみんなで楽しむことである。

教育課程や指導計画の中に，幼児に無理のない楽しい食体験を取り入れることで，自然に実現することができる。たとえば，園の周囲に実のなる樹木を植えたり，収穫しやすい野菜を植えたりしておくだけで，子どもは自然の恵みを受け取ることができる。そのためには園内や周辺での栽培計画をもち，年間を通じて食の体験ができるようにすることである。すべての栽培活動に参加しなくても，子どもは新鮮な食体験を楽しむことができる。

春になれば，さくらんぼやグミが実る，夏にはトマトやキュウリが育っている，秋には芋が収穫できる，という環境があれば，友達と一緒に収穫し，サラダやジュースを作って一緒に味わうことができる。簡単な調理もできる。ゆでっぱなしの豆や芋など，現代の家庭においてはなかなか体験できない食材そのもののおいしさを味わうことができる。

ひな祭りやこどもの日，お月見会，お正月，お祭りなど，季節や地域の行事に食べ物が関連していることも多い。行事食に込められた人々の思いを伝えることもできる。

年長児になれば，自分たちでお世話をしたり，収穫した物を利用して簡単な調理をしたりすることもできる。保育者が食べ物に関心をもち，栽培についても知識や技能をもつとともに，保護者や地域の方の力を借りることもできる。そうすることで，子どもたちは豊かな人間関係を体験することもできる。そこに保育のねらいとして幼小連携や異年齢交流も組み込むことができる。もともと食は人との関係を抜きにしては成り立たないものだからである。

3．簡単な調理体験

育てることだけでなく，身近な食材をもとにした**簡単な調理**も子どもにとって楽しく食べ物に興味や関心をもつ体験になる。たとえば，ホットケーキ作りがある。ホットケーキは，材料を加えて混ぜ合わせそれを焼くだけという単純な方法で作ることができるので，年長児になれば充分可能な活動である。

子ども自身が，おいしいホットケーキを作るという目標を共有することが自然にでき，小集団で協力して取り組むのにふさわしい活動である。協同の経験の一つとして位置づけることもできる。どの子どもも十分に参加できるように，態勢や手順を考えておく。子どもがアバウトにやってもおいしいものができるように，レシピをよく研究しておく。また，子どもの動線を考慮して，環境設定を十分吟味しておく。

幼児の調理は調理技術の習得や知識の獲得が目的ではなく，一人ではできないことでも教えてもらいながら協力すれば，自分たちで食べ物を作ることができるという体験になればよい。購入して食べるお菓子に比べて，自分たちが

作ったホットケーキは誰もがおいしいと感じるであろうから，何より実感となって子どもの自信となる。

できたものを別の誰かにごちそうするというねらいをもつと，いっそう活動への自覚が生まれたり，目的意識がはっきりしたりする。必要ならば，子どもが安心してできるように，保護者などにアシスタントとして参加してもらい，安全面や指導面を補う。それは同時に，保護者にとっては，子ども理解を深める機会になり，保護者支援になる。

さらに経験を積むことによって，火を使ったカレーや豚汁を作るなど，子どもの発達や園の状況に合わせて，楽しく手ごたえのある活動を仕組むことができる。それらの体験を通じて，食材そのものに触れ，食べられる食材を広げていったり，友達と食べる楽しさを味わったり，食に対する意欲的な態度を育む機会になる。

時には，栽培していたものが収穫できなかったりすることもあるが，それも重要な体験として生かしていくことができる。自然や食にかかわることは，どんなことも学びになり，子どもの心身の健康に直接結び付く。

子どもの健康を考えるうえで，食は生活リズムと切り離せない。前節で取り上げたように，園生活の内容がよく遊んで体を動かすものになるようにして，おなかのすく生活をつくる必要がある。また友達との関係が食事の場面に表れることも多い。食べたい物，好きな物を増やしていくためにも，食材そのもののおいしさの体験や，友達と楽しく食べることが助けになる。またアレルギーや特異な体質の子どもについては，家庭とよく連携をとることが必要である。

4 人とのかかわりを深める

1．現代社会と人間関係

現代の子どもたちが人とのかかわりに関して困難を抱えていることは，多方面から指摘されている。いつの時代も子どもに限らず，人生のどの時期にも，他者との関係は大きな課題である。しかし，経済が発展して生活が都市型にな

るにつれ，個人の心理状態を安定的に保つことがより困難になってきている。自然から離れれば離れるほど，他者との距離は近くなり，その影響を強く受ける。自然との対話で自己を癒〈いや〉したり，深く見つめたりすることも難しくなり，自然の中では問題なく共生できていたものが，現代都市生活の中では共生できなくなってきている。

　また，高度に情報化された社会では，人と人とのやり取りが，情報として間接的に行われるために，言葉がそれを発した生身の人間から切り離された形になることが多い。現代人の言葉と身体の乖離〈かいり〉した生活は，保育にとっても大きな問題である。特に幼児期は，身近な親しい人との応答のなかで，言葉を獲得する時期である。不十分な表現を周囲の者に補ってもらいながら，状況に合わせて理解し合う，**一次的ことば**の獲得期である。

　しかし，幼児の周りに張り巡らされる言葉が，メディアに取って代わり身体を持った人間から乖離していたら，幼児は生き生きとした人間関係を体験できなくなる。幼児期は，周囲にいる身近な人々の感覚や感情に共感しながら，自分の人格の基礎を形づくっていく時期である。この点で都市化や高度情報化によって，現代は幼児期の発達環境として，かつてないほどの不利な条件を抱えることとなった。

２．協同の経験を重ねる

（１）　人間関係の重視

　新教育要領では，「人間関係」のねらいを，子どもの実態に合わせたうえで，小学校入学を視野に入れながら，より丁寧にかつ深化する方向に変更した。また新しい指導事項として，「協同の経験を重ねる」ことが加えられた。他の領域においても，人とのかかわりの視点が強化されている。

　たとえば「環境」においては「他児の考えなどに触れる」，「言葉」においては「言葉による伝えあい」，「表現」においては「他の幼児の表現に触れる」ことなどが，新たに内容の取り扱いに付け加えられた。一方で「自ら体を動かそうとする意欲」「自信をもって行動する」「自ら考えようとする力」「考えたことを言葉に表す」「自己表現を楽しむ」も付け加えられ，個人に着目していく

視点も強化されている。自己形成は他者とのかかわりを通して行われるという相互循環的な性質を反映したものである。幼児の自己形成と人とかかわる力をどう育んでいくかは，まさに幼児教育の中心的課題であり，したがって教育課程の中心に置かれなければならない。

　教育課程は，入園から卒園までの子どもの育ちの見通しと，最終的にどのような姿を実現していくかを，時系列に沿って記載されているものである。幼稚園教育要領では，協同の経験に関しては「友達と楽しく活動する中で，共通の目的を見いだし，工夫したり，協力したりなどする」という記述になっている。これは，幼児期の人間関係の育ちの最終局面を表したものであることに特に留意する必要がある。

　卒園までに，他者との協力協同が，ある程度可能になるところまで育てておくことが，のちの小学校生活の基盤になるという認識に基づくものである。保育者は，自園の子どもの育ちを具体的にとらえ，最終的にこの姿をねらいながら保育を展開していくことになる。

（2）協同する経験とは

　協同する経験について，内容の取り扱いでは，「幼児が互いにかかわりを深め，協同して遊ぶようになるため，自ら行動する力を育てるようにするとともに，他の幼児と試行錯誤しながら活動を展開する楽しさや共通の目的が実現する喜びを味わうことができるようにすること」と記述されている。

　ここからも，協同の経験とは教師主導で行われるものではなく，幼児の自発性や主体性に基づくものであり，教師の指示に従って集団行動ができることとは質的に違ったものであることがわかる。他者の指示に従って行動できることがねらいなのでなく，自分の意志や願いをもち，それを他の友達と調整しながら，ときにはトラブルや葛藤を体験し，試行錯誤しながらも自分たちの目的を遂げようとしていくことがねらいになる。

　たとえば，発表会などの活動を考えてみると，何をやるか，誰がどうやるかなど，計画のほとんどの部分を教師が決めてしまい，そのイメージに合わせて子どもが参加していくやり方では，このねらいは達成できない。目的を実現していく過程で，子どもたちが教師や友達とのかかわりにおいても受動的になる

8章 幼児教育の現代的課題と教育課程——175

からである。

　そうではなく，子どもたち自身が自分たちでやりたいものを決め，やり方もそれぞれの思いを出し合いながら作ろうとする能動性や，子どもたちが豊かな人間関係を体験していくことに意味がある。その活動が成功することだけが目的なのではなく，友達と一緒に取り組み，幼児なりの喜びを味わい，人に対する信頼と自分に対する自信がもてるような体験が重要なのである。

　保育において，実際に問題になるのは「共通の目的をもつ」という部分で，どのような形で幼児が共通の目的をもつようになるかということであろう。考え方としては，協同する経験を協同する「活動」ととらえすぎないようにすることが重要である。「活動」とすると，教師の方から持ちかけるイメージが出てくる。広義の「活動」のなかには遊びも含んでおり，内容の取り扱いの「協同して遊ぶようになる」という文言からも，友達と協力して行う遊びのなかで，自然発生的に生まれてくる共通のイメージや目的を大事にすることが重要である。

　たとえば，子どもたちが一緒に家族ごっこをしたいけれども，それぞれのイメージも違い，役割に対する希望もぶつかることがある。そのときに，「一緒に遊びたい」という思いと「家族ごっこ」という共通の目的のために，工夫しながら，折り合ったり，新しいアイディアを考えたりしていくような場面である。それを教師が支えていくことができる。

　協同する経験をこのようにとらえると，実はこれは幼児期の最終局面に表れるというだけではなく，3歳児の終わりごろには，萌芽的にみられる姿でもあり，4歳児では，自分と気の合う友達であれば，このような姿を数人のレベルで見ることができる。年長の終わりごろには，集団のサイズがある程度大きくなったり，普段は一緒に遊ばない人でも，共通の目的のために協力できるという力までもっていきたいということである。

　このことから，協同する姿に至るまでに長い時間を必要とすることがわかる。入園から卒園までの人間関係の育ちを保育者がとらえておき，その時々に必要な指導をしていくことによって，最終的に実現していくものであるといえる。その長期間にわたる過程を経ること，すなわち，教育課程のなかに組み込んで

おくことが保育のよりどころとなる。

　年長になると，学級全体で行う行事のような活動が増えてくるが，そのなかでこそ，この協同性の視点をもつ必要がある。子どもたちがその行事をどのようにとらえているか，どのような人間関係を体験しているのかを見取り，保育者が一人ひとりの気持ちや課題を読み取って，支えていく必要がある。

　大きな集団で目的を達成する過程や喜びを体験することは一人ひとりの自信にもつながる。その一方で子どもの中には，人とかかわる力が弱い子どもや人への関心が薄い子どももいることも考慮し，個々の子どもの成長にとって意味のあるやり方を考えていく必要がある。

（3）　トラブル場面と協同の経験

　友達と一緒に生活したり遊んだりしていくときに，トラブルはつきものであり，教育要領の中でも「いざこざや葛藤体験」として繰り返し言及している。生まれて初めての集団生活をする幼児たちは，それぞれに思いは食い違い，自分と人が違うということも十分に理解できない。他者への配慮などは望むべくもない状態である。トラブルにぶつかって初めて，自分以外に人がいる，自分と人は違う，自分にとってはよいことが他の子どもにとってはそうでないことがある，自分の思いに反して否定されることもある，など自他の違いの認識のきっかけにもなる。

　トラブルは幼児にとっては，他者に自分を否定されたという体験である。そのままにしておけばそこで終わってしまい，時には自分や他者への不信につながることもあるが，保育者が間に入ることによって，本人たちにも，周囲の子どもたちにも意味のある体験へと転化することができる。

　子どもはトラブルにおいて，まず否定的状況から立ち直らなければならない。保育者はトラブル場面において，子どもの気持ちを受け止め，子どもが自身で問題に対処できるように，生理的心理的基盤を整えている。子どもは保育者に支えられながら，自分の思いを言葉で表現したり，相手の思いを聞いたり理解したりすることができ，相互に理解し合う共生の体験をすることができる。

　また，原因や状況を理解し，解決法を一緒に考え，ときには必要なきまりやものの考え方などを保育者から教わることもある。トラブルは相手に関心をも

つことが根底にあり，トラブル解決の過程を体験することが，友達や保育者への信頼や自信につながり，遊びや活動を継続する力にもなる。トラブルを乗り越える力は，協同する力の一つでもある。

トラブルを通してきまりやルールの必要性がわかったり，必要に応じて変えていったりするなど，ルールに対する建設的な態度を育てていくことができる。

5　小学校との連携

1．小学校への段差

1990年代後半から，小学生の学校生活の適応に関して，「学級崩壊」「小1プロブレム」現象が社会問題となった。その原因の一つとして，幼稚園や保育所での生活から小学校の生活スタイルへの移行の際に，大きな段差があることが指摘された。

小学校では，一日を細かく時間で区切って行動を切り替える，決められた時間割で決められた場所で決められた友達と一緒に同じ行動をする，という生活スタイルになる。また教師との関係も相対的に指示・命令の関係が多くなり，教材や活動を媒介にした間接的なものになっていく。それまでの，遊びを中心とした時間に細かく区切られない生活とは大きな違いである。

園においては，一人ひとりの子どもの発達や関心に合わせて，いわばボトムアップの形で教育が展開されるのに対して，小学校以上では，学問の体系をトップダウンの形で子どもに教えるという原理的な相違がある。いずれ，子どもたちはそれに対応していかなければならないが，現代の子どもたちにとっては，その移行に配慮を要するものとなってきた。

個々の子どもにとっては，小学校の入学は生活上の大きな変化であり，不安や戸惑いを感じても不思議ではない。その段差が，子ども自身の成長への期待や課題として有効に作用するという面もある，しかし一方で，無用な不安を抱かせることもあり，その部分については事前に取り除き，安心して移行できるような配慮が必要である。

2．幼保小の連携研究からわかったこと

　この10年ほどの間に，全国的に幼保小連携の実践的研究が展開された。その結論として，園での生活や保育の内容に，のちの小学校での生活や学習にとって基盤となる内容が含まれていることが確認された。しかし，小学校への移行をスムーズにしていくためには，小学校の学習内容や方法を幼児教育に予備的に取り込むのではなく，幼児にふさわしいやり方で，すなわち直接的な体験として経験しておくことが重要であることが確認された。

　また，特に幼児期に獲得する人とかかわる力については，一定程度の集団規模でのしなやかな協力協同の経験を重ねておくことが，のちの小学校での集団学習の基盤になると考えられるようになった。その結果，前述のように新教育要領では「協同の経験を重ねる」ことを重視するという方向が打ち出されたのである。

　幼児にふさわしい生活を展開することによって，自分に自信をもつことや，多くの友達と一緒に協力協同ができることをはじめ，環境への興味関心をもつこと，言語や表現への意欲などを育んでおくことが重要であり，遊びを中心とした園での生活が，のちの学習の基盤となっていくような豊かな内容を含むものであることが求められている。

　また幼小連携の研究的実践のなかで明らかになった最大の問題点は，小学校教師が幼児に直接触れる経験がなく，幼児の特性や幼児教育に関する理解がほとんどないということであった。一方，保育者も小学校の教育内容を理解しているとはいえない状態であった。そのため，小学校の教師は園に対して，入学までにこれだけの力は身につけておいてほしいと要求するだけであったり，逆に保育者は，小学校生活についてもイメージはある程度もってはいるものの，園生活での子どもの成長や保育を小学校教師に理解できるように伝えきれないという課題も，浮かび上がってきた。要するに，教師たちが互いの教育的思考や発想を理解できないという問題があったことがわかったのである。

　このような認識に立って，自治体の中には，小学校の教師を長期間にわたって幼稚園に派遣し，研修をさせるという制度を設けたところもある。まだ少数

であり，試験的な段階ではあるが，多くの成果をあげている。それと同時に，幼保小連携の実践研究が進んだことによって，幼児の生活や特性を踏まえて，入学直後の生活スタイルや，授業の形態などを創意工夫するなどの，子どもへの柔軟な対応が行なわれるようになってきた。

3．小学校との交流について

　小学校への移行については，少なくとも年長児の教育課程に位置づけておくことが必要である。どのような力を付けて小学校に送り出すのかということに対する再度の吟味や，子どもがもつ小学校生活への期待や不安に応じた取り組みをすることが必要である。

　たとえば，年長児の「小学校体験」がある。春に行うならば，小学校への関心をもつことと，卒園していった上級生たちのその後の姿を見ることに意味がある。その子どもたちが新しい空間になれている姿を見ることで，双方の成長を実感できるだろう。卒園前に行うならば，より自分に引き寄せて，自分たちのこれからの姿に期待を抱くことができるだろう。学校への親しみを感じて，全く知らないところへ行く不安を，空間的にも人間関係的にも減らすことができる。また，小学校で幼児が具体的な行動をすることによって，安心したり，自信をもつことができるだろう。

　学年の途中で行う小学生との交流活動では，双方の教育的なねらいについてよく話し合っておく必要がある。この場合，小学生のほうは，学年に応じてねらいをもつことは容易である。幼児のお世話をすることや喜んでもらうことで，年下の子どもに対する理解や自信につながる。

　しかし，幼児のほうは何もせず，招待されたお客さんで終わってしまうことがある。交流や親睦の意味はあるだろうが，保育者が自覚的なねらいをもって臨まなければ，幼児は受動的に参加するだけになる。幼児が能動的にかかわれるような内容にしていく必要がある。

　卒園までに複数回小学校を訪れる経験があると，幼児の安心感も高まる。卒園前は，園生活のまとめの時期であるとともに，入学への準備期として，子どもが安心感や自信をもって学校生活に臨めるように，教育課程上に位置づける

ことが重要である。子どもたちが卒園前に小学校を訪れて，学校の建物を知ったり，給食体験や授業参観をしたり，小学生や小学校教師と親しくなっておく交流活動が多く行われているが，このようなことは園児だけでなく，その保護者の不安の解消にもなる。

また，保育者と教師の互いの教育についての共同研修や，入学してくる子どもの育ちについての情報交換も，密に行われることが望まれる。それによって，小学校では，具体的な子どもの実態に合わせて，入学後の学校生活へ移行や適応に対しての柔軟な対応が可能になる。

6 保護者の成長支援

1．少子化対策と子育て支援

幼稚園や保育所は幼児を育てるところである。しかし近年，子どもの問題を語るときに，その背後にいる保護者の問題を避けて通れないことが多くなってきた。幼稚園教育要領の改訂において，二つの主要な方針が挙げられたが，その一つがこの子育て支援に関するものである。

また，新保育所保育指針においても，保育所は入所する子どもを保育するとともに，保護者や地域の子育て家庭の支援を行う役割を担う，と明記された。

子育て支援は，出生率の低下に危機感を抱いた国が，少子化対策として取り組んできたものである。平成 6（1994）年の，文部・厚生・労働・建設省 4 大臣の合意による「エンゼルプラン」，これに引き続き大蔵・自治大臣が加わった「新エンゼルプラン」が打ち出されたが，出生率の低下はとどまらず，少子化はさらに進んだ。

引き続き，「次世代育成支援対策推進法」「少子化社会対策基本法」が制定された。この 5 か年計画では，国全体で「子どもを生み，育てることに喜びを感じることのできる社会」への転換をめざすとして，「子ども・子育て応援プラン」が策定された。

このような強力な子育て支援方針を受けて，多くの組織や団体が，これに取

り組んできた。代表的なものとして厚生労働省の子育て支援センターの全国配置や子どもの広場事業，NPO法人が助成を受けて行う地域での育児サークルや共同保育の活動などがある。また保育所は早くから，乳児保育，延長保育・夜間保育などの特別保育に取り組み，地域の親子に向けても育児相談事業などを行ってきた。

　これらの流れのなかで，幼稚園はやや遅れてスタートした形となったが，平成11（1999）年から「預かり保育」を認めることとなり，未就園児を対象にしたクラスを設けることも可能になってきた。

　新教育要領では，この正規の教育課程終了後に行われる保育を，園として適切に行うこととし，また園が子育て支援に取り組む際には，保護者に代わって保育をするのではなく，保護者の成長支援に結びつくような形で行われるようにすることという方向性を示している。

　一方，平成18（2006）年には，幼児の保育とともに地域の親子の支援を行う施設として，認定こども園がスタートした。平成22（2010）年には，全国で532ヶ所が認定されている。現代においては，幼児教育施設はもはや幼児だけではなく，その保護者の支援も行うことが求められているのである。

２．園で行われている保護者支援

　すでに多くの園では，多様な保護者支援のメニューをもつようになってきた。平成17（2005）年の文部科学省の調査によると，在園児の保護者向けのメニューとして，「保護者の**保育参加**」，「子育て講座や講演会の開催」「園庭や園舎の開放」「情報誌・紙による子育て情報の提供」「未就園児の保育」，「子育て相談」などが行われている。このなかで最も多いものは，「保護者の保育参加」である。また，地域の未就園の幼児や保護者を対象としたメニューをもっている園も多い。在園児と重なるものもあるが，「園庭・園舎の開放」「未就園児の保育」が多く取り組まれている。

　保護者支援は，園や保育者にとっては，日常の保育にさらに加わる仕事であり，さまざまな課題がある。前述の文科省の調査によると，園が行う保護者支援の課題として最も多く挙がってきていることは，やはり「担当者の負担」の

問題である。次いで「経費確保の問題」、「施設設備の不対応」、そして「地域への周知」の課題などである。

保護者支援の重要性は認識していても、条件の整わないなか、別メニューでの支援は、保育者にとっても負担を増やすものであり、結果的に肝心の幼児の保育に支障をきたすようになると、本末転倒になる。そこで、これらの課題を園の教育課程の中にどう位置づけるかが重要になってくる。保護者支援を教育課程に位置づけるとは、保護者支援を行うことが同時に子どもの育ちにもつながるようにする、ということでもある。

3．園による保護者支援の利点と保護者の成長

保育の専門機関である幼児教育施設が行う子育て支援は、行政など他の機関にはない利点がある。

まず第一に、保育者が当の子どものことをよく知っていて、日常的に育ちにかかわることができる。第二に、一時的なかかわりではなく、入園から卒園まで継続してかかわることができる。第三に、子どもと子ども集団に対する専門家である。第四に、在園児のすべての保護者に働きかけることができ、結果的に孤立を予防することができる。第五に、園という多機能空間を利用できる。そして最後に関係のなかで学ぶことができる。これらを考えると、幼児教育施設は子育て支援に最も適した場であるともいえる。

しかし、園が行う保護者支援は、保護者の子育て負担を軽減することを目的とするのではなく、その専門性を生かして、保護者の子育て力の向上につながる支援であることに意義がある。保護者の成長に園が貢献できることは、以下の三点である。第一に、保護者が子どもについての理解を広げ深めること、第二に、保育に関する理解を深めること、最後に、この二点を通して自分のあり方を振り返るということである。

このように考えたときに、保護者支援メニューを教育課程のなかに位置づけ、保護者が子ども集団に触れながら子ども理解や保育理解を進めていく方法が、最も自然で、そしてそれが、保育内容の充実につながる形で行われることが望ましい。

4．保護者の保育参加

　保護者メニューの中でも最も多くの園で行われているものが，「保護者の保育参加」である。これは，園の行事などへの保護者の参加を，たとえば企画段階から一緒に考えるようにしたり，当日の運営に協力したりするものや，日常の保育に保護者が参加したりするというものが含まれる。保育参加は，子どもや保育に関する理解を深めるものであるから，親の状態や子どもの状態を考慮して計画的に行う必要がある。また子ども理解において，重要なことは子どもが園の中で成長しているという事実を，保護者が実感できることである。

　そのために，1回限りのイベントではなく，適度なインターバルをおいて，何度か繰り返して重ねていく必要がある。園の状態に合わせて年に複数回行うことが有効である。日常の保育に参加する方法がいちばん自然であるが，一度に参加する人数や時期については配慮を要する。保護者も保育参加には不安があるので，事前にオリエンテーションを行い，終了後は必ず保育者とのミーティングをもつようにする。そこで保護者は保育者の子どもの見方に触れたり，他の保護者の考え方に触れたりして，学ぶことができる。イベントについても，終了後に子どもの様子などを話し合うようにすると，互いに学び合う機会になる。

　また保育参加を経験したあとで，保育者の補助を行う保育ボランティアやアシスタントなどの活動もよい。保護者が加わることによって，より安全になる，指導がていねいに行き届く，保護者の特技を生かせるなど，保育がそれによって充実する活動を，年間指導計画のなかから保育者が選ぶ。時期や活動のねらいによっては保護者が入らない方がいいものがあるので，熟慮しておく必要がある。また，園の環境づくりに保護者が参加することも，保育理解につながる。

5．保護者への発信

　多くの園では，「園だより」や「クラスだより」など，園から保護者にさまざまな発信をしている。それを単なるお知らせではなく，保護者支援のなかに位置づけることも可能である。たとえば，子どもたちの様子を伝えるときなど

でも，こういう面白い光景があったというだけでなく，それを保育者がどう見ているのかを書き添え，成長の姿として意味づけるような一言が加わるだけでも，受け取り方は異なってくる。

入園のころの不安な姿や，それを乗り越えた姿，それぞれの時期に応じた発信が可能である。保護者はそれを楽しみに受け取ることができ，成長の見通しをもつことができる。また，園の基本方針や教育課程についても，事前に話しておく必要がある。教育課程の説明では，園として，子どもたちをどのように育てていくかについて，時間を追ってわかるように説明しておくことは，園の役割として重要である。

どこの園でも持っている保護者に関するメニューを，総合的に見直して，いつ，何を，どのように行うかの総合的な計画をもつと，教育課程のなかに位置づけやすくなる。子育てに関する学習や学び合いの場を提供することや，保護者会の活動も位置づけられる。

要は，子どもを真ん中において，保護者たちと保育者が協力できる関係をつくり出していくことである。そのような人間関係が子どもの周りに張り巡らされることが，現代の子どもにとって最も必要とされる発達環境なのである。

7 終わりに

幼稚園は，このほかに，地域との交流や開放，中学生や高校生の触れ合い体験の受け入れなど，これまでになく外部に開かれた機能をもつことが要請されている。また，教育課程終了後の保育や未就園児クラスの設置の要望も強く，多くの園で実施されている。

その一方で，受け入れる子どもの育ちも多様になり，特別支援の視点をもつことも含めて，さまざまな子どもたちを受け入れていくことが期待され，保育者としての専門性がより高度により多面的になってきている。当然，これに対応する人的保障や施設設備の拡充が行われてしかるべきであるが，現状では必ずしもそうはなっていない。これらの機能を従来の機能に新たに付け加えていくという発想では対応しきれないことは明らかである。

子どもの保育にしても，保護者支援にしても，地域交流や幼小連携にしても，基本のスタンスは同じである。相手の状態をよく理解して，それに応じてかかわること，1人にかかわりながら周囲の人にもつながりをもてるように媒介者になることである。保育者は，個を支えるとともに関係を支え，人と人を結ぶ専門家でもある。

　また，一つのことを実践しながら，そのねらいや効果を複眼的にとらえる力も求められている。もともと保育はそのような特性をもっている。人間の行動や現象は本来多面的な意味をもつものであり，幼児教育は子どもを丸ごと受け止めるという視点に立ってきた。それだけに，保育の場で起こっていることを多面的にとらえる力をいっそう磨いていくことが求められている。

演習問題

A．本章で取り上げられた課題についての実践例を調べ，教育課程とどう関連しているか考えてみましょう。

B．幼稚園内外の自然環境について調べ，保育に生かすためのアイディアを年齢や季節に合わせて考えてみましょう。

C．学童期以降の発達や教育に関する現代的課題について，重要だと思うものを一つ取り上げ，考えてみましょう。

■■■引用・参考文献

■1章

菊池ふじの　1936　「系統的保育案の実際」解説（一）　幼児の教育36, 3　日本幼稚園協会　75-79.
厚生労働省　2008　保育所保育指針解説書　フレーベル館
倉橋惣三　1931　就学前の教育　岩波講座　教育の科学6　岩波書店（学術情報出版会　2008　倉橋惣三選集3　日本図書センター所収）
文部科学省　2008　幼稚園教育要領解説　フレーベル館
文部省　1979　幼稚園教育百年史　ひかりのくに　58, 237-238.
森上史朗　1984　児童中心主義の保育　教育出版
お茶の水女子大学文教育学部附属幼稚園　1976　年表幼稚園百年史　国土社
岡田正章ほか　1980　戦後保育史　全2巻　フレーベル館
坂元彦太郎(編)　1964　幼稚園教育要領解説　フレーベル館
佐藤学　1999　教育の方法　放送大学教育振興会
玉越三朗ほか　1960　幼稚園教育要領の実践（増補版）　フレーベル館

■2章

藤崎眞知代　2002　現場からみた発達　藤崎眞知代・本郷一夫・金田利子・無藤隆(編)　育児・保育現場での発達とその支援　ミネルヴァ書房　2-14.
平成17年度中央教育審議会　2005　子どもを取り巻く環境の変化を踏まえた今後の幼児教育の在り方について
河邉貴子　2005　遊びを中心とした保育　萌文書林
文部科学省　2008　幼稚園教育要領
お茶の水女子大学附属幼稚園・小学校　2006　子どもの学びをつなぐ―幼稚園・小学校の教師で作った接続期カリキュラム　東洋館出版社
津守真　1997　保育者の地平　ミネルヴァ書房　121.
浦安市　2009　浦安市就学前「保育・教育」指針策定事業　いきいき☆浦安っ子―乳児・幼児期にふさわしい生活の展開と学びの芽の育み，そして就学へ―
山本登志哉　2000　2歳と3歳―群れ始める子どもたち：自律集団と三極構造　岡本夏木・麻生武（編）　年齢の心理学―0歳から6歳まで　ミネルヴァ書房　103-141.

■3章

石川征子　2009　こゆるぎ幼稚園教育課程　こゆるぎ幼稚園
磯部裕子　2003　教育課程の理論―保育におけるカリキュラム・デザイン―　萌文書林　158.
神長美津子　2009　保育内容総論　小田豊・神長美津子・西村重稀(編著)　光生館　6.
神奈川県教育委員会　2000　教育課程編成の指針　9.
鯨岡峻・鯨岡和子　2001　保育を支える発達心理学　ミネルヴァ書房　20, 23.
文部科学省　2008　幼稚園教育要領解説　フレーベル館　11, 15, 51.
文部科学省　初等中等教育局幼児教育課　2011　幼児期の教育と小学校教育の円滑な接続の在り方について（報告）　文部科学省教育課程課・幼児教育課　初等教育資料869　東洋館出版社　68.
無藤隆（監修）　浜口順子編者代表　2007　事例で学ぶ保育内容〈領域〉表現　萌文書林　15.
お茶の水女子大学附属幼稚園・附属小学校　2004　幼稚園及び小学校における教育の連携を深める教育課程の研究開発　2003年度（第3年次）報告書　16.

小田豊　新しい時代を拓く幼児教育学入門　2001　東洋館出版社　79.
小田豊　2009　教育課程論　北大路書房　24.
周郷博　1966　母と子の詩集　国土新書　18.
東京学芸大学附属幼稚園　2009　今日から明日へつながる保育　萌文書林　120.
津守房江　育てるものの目　1984　婦人之友社　172.

■4章
磯部裕子　2003　教育課程の理論―保育におけるカリキュラム・デザイン―　萌文書林
河邉貴子(編)　2008　教育課程・保育課程論　東京書籍
文部省　1991　幼稚園教育指導資料集第1集　指導計画の作成と保育の展開　フレーベル館
文部科学省　2008　幼稚園教育要領解説　フレーベル館　196-202.
柴崎正行・戸田雅美・増田まゆみ(編)　2010　教育課程・保育課程総論　ミネルヴァ書房
戸田雅美　2004　保育をデザインする―保育における「計画」を考える―　フレーベル館
東京学芸大学附属幼稚園　2006　心が動く体が動く―多様な連携を通して―　平成17年度研究紀要
東京学芸大学附属幼稚園　2007　学びをつむぐ生活づくり―保育環境としての自然を見直す―　平成18年度研究紀要　88-89.

■5章
全国社会福祉協議会(編)　2008　新保育所保育指針を読む　全国社会福祉協議会出版部　97.
全国社会福祉協議会(編)　2009　実践から学ぶ保育所保育指針　全国社会福祉協議会出版部　45-46.

■6章
茨城大学教育学部附属幼稚園　1988　幼稚園教育の普遍性を求めて―幼児期にふさわしい生活の展開―　昭和63年茨城大学教育学部附属幼稚園研究紀要5　21-22.
岩立京子　2010　幼児教育　質の高い学校関係者評価のための足場づくり　文部科学省教育課程課・幼児教育課　初等教育資料836　東洋館出版社　95.
厚生労働省　2008　保育所保育指針　フレーベル館
文部科学省　2008　幼稚園教育要領　フレーベル館
岡上直子　2009　教育課程総論　北大路書房　98.

■7章
柏女霊峰(監修)　2009　全国保育士会倫理綱領ガイドブック　全国保育士会　11-12, 16.
倉橋惣三　2008(初版1936)　育ての心(上)　津守真・森上史朗(編)　フレーベル館　30, 33.
津守真　2009　愛育の庭から―子どもと歩み学ぶ日々　愛育養護学校　37.

■8章
小林茂樹ほか　2006　食農保育　農山漁村文化協会
木下光二　2010　育ちと学びをつなげる幼小連携　チャイルド本社
無藤隆　2009　新幼稚園教育要領ポイントと教育活動-幼稚園　東洋館出版社
佐々木正人　2008　アフォーダンス入門　講談社
鈴木みゆき　2006　保護者もいっしょ生活リズム改善ガイド　ひかりのくに
友定啓子・山口大学教育学部附属幼稚園　2004　保護者サポートシステム　フレーベル館

■■■さくいん■■■

▶あ行

愛着　33
遊び　8, 57
遊びの展開　158
遊びを通しての指導　57
アフォーダンス　168
アレルギー　172
一次的ことばの獲得期　173
一日の指導計画（日案）　76, 88, 122
異年齢交流　171
意欲的に学ぶ姿勢　50
運動能力　165
栄養教育　170
援助　156
園内研修　138
恩物　13

▶か行

学習　8
仮説　76
価値観　153
学校教育法施行規則　3
学校教育法第22条　55
葛藤　48, 56, 174
活動の幅の広がり　51
家庭支援　124
家庭連絡帳　124
カリキュラム　2
環境　98
環境構成　86

環境と関係の網の目　28
環境の構成　57, 142
環境を通して行う教育　6
関係構築の知識・技術　154
感受性　163
カンファレンス　138
寛容さ　163
期　86
期案・月案　119
期間指導計画（期案）　76
季節や地域の行事　171
規範意識　165
基本的生活習慣　165
教育課程　1
教育課程の評価・改善　145
教育課程編成　66
教育時間　63
教育週数　63
教育的効果　81
教育的側面　158
教育の目標　63
教材研究　94
行事　80, 81
教師の意図　57
共生　173
協調性　50
共通のイメージ　44
協同的な活動　104
協同的な学び　50
協同の経験　166, 174
協力工夫　50

協力体制　　122
記録　　88, 135
記録の集積　　136
クラス意識　　49
倉橋惣三　　15
形成的評価　　86
月案　　76, 86
月間指導計画（月案）　　76, 86
構想　　78
行動の意味　　161
5歳児の姿　　47
個人面談　　124
子育てサークル　　36
子育て支援事業　　36
子育てに関する不安や悩み　　110
子育て広場　　36
言葉の獲得　　33
言葉の発達　　29, 157
子ども中心主義　　15
子どもと子育てにやさしい社会づくり　　155
子どもの最善の利益　　112, 154
子どもの実態　　78
子どもの主体性　　158
子どもの育ちをとらえる視点　　130
子ども理解の共有　　161
個別指導計画　　122

▶さ行

再構成した環境　　98
栽培計画　　81, 170
3歳児の姿　　36
3歳未満児保育　　122
飼育計画　　81

飼育動物の世話　　51
自我　　45
自我の芽生え　　33
試行錯誤　　56
思考力の育成　　166
自己形成　　174
自己主張　　33
自己の省察　　161
自己の発達　　68
自己発揮　　46
自己表現　　166
自己を調整する力　　56
資質向上　　154
自然環境　　169
児童期の教育　　61
児童虐待　　110
指導計画　　1, 58, 76
指導計画作成の手順　　78
児童に関する権利条約　　112
児童福祉法　　112
自分のイメージ　　35
週案　　76, 98, 122
週案から日案の立案　　94
週案におけるねらいと内容　　91
縦断的に追った事例　　27
週日案　　76
週の指導計画（週案）　　76, 88, 122
主体的　　56
小学校との交流　　179
小学校の教育課程　　59
小学校への移行　　166
省察　　59
食育　　166
食育の推進　　112

職員間のチームワーク　124
職員間の連携　122
食習慣の形成　169
食農教育　170
食の原体験　170
人格形成の基礎　56
人権　154
心情・意欲・態度　31, 56
心情面の育ち　31
進歩主義教育運動　3
信頼関係　58
睡眠　166
睡眠のパターン　167
ステージの概念　66
成育歴　110
生活援助　154
生活上の自立　62
生活リズム　166
精神的な自立　62
成長の過程　162
接続　61
接続期　52
接続期前期のカリキュラム　52
全国保育士会倫理綱領　154
全職員の共通認識　110
専門性の向上　154
創造的な営み　162
双方向性　78
速度と経路　29
育ての心　156

▶た行
多相性睡眠　166
第三者評価　149

他者を思いやる　46
達成感　56
単相性睡眠　167
短期の指導計画　76
地域の祭り　81
長期の指導計画　76
調理　171
ティーム保育　72
停滞や後退　32
デイリープログラム　122
適切　55
適切な援助　158
適当　55
伝統的な行事　81
トップダウン　177
トラブル場面　176
内面の理解　141
内容　78

▶な行
仲間関係　42, 44, 45
日案　76, 88, 122
人間関係の育ち　49
人間関係の発達　29
人間関係の深まり　51
人間性　153
ねらい　78
年間指導計画　76, 86, 119
能動的な発達観　65
乗り越えるべき壁　32

▶は行
媒介者　185
発達の課題　30, 57

発達の筋道　31
発達のとらえ方　27, 28, 31
発達の理解　27
反省・評価　59
人とかかわる力　165
評価　32, 133
評価項目　130
評価の在り方　134
評価の内容　139
評価の方法　134
複数担任　122, 123
フレーベル（Fröbel, F. W.）　13
保育課題　161
保育課程　1, 109
保育事業の全体像　114
保育実践と省察の循環　162
保育士同士の連携　160
保育士の専門性　153
保育者　11
保育者の援助　140
保育者の願い　78
保育シュミレーション　88
保育所における第三者評価　149
保育所における自己評価ガイドライン　147
保育所保育指針　110
保育所保育要録　144
保育の原動力　162
保育の質の向上　110
保育の場の両義性　72
保育ボランティア　183
保育目標　112
保育要領　3, 19
歩行の開始　33

保護者支援　166
保護者等への相談・助言　154
ボトムアップ　177

▶ま行
学びに対する消極性　165
学びの自立　62
学びの芽　61
まめやかさ　157
見えにくい教育　57
未就園児対象の保育　36
自らの保育をとらえる視点　130

▶や行
夜行性ベビー　167
養育力の低下　110
養護　110
養護的側面　158
幼児期にふさわしい生活　57
幼児期の教育　61
幼小連携　171
幼児理解　53, 94
幼稚園教育の目標　63
幼稚園教育要領　3, 22, 24
幼稚園と保育所との関係について　5
幼稚園における学校評価ガイドライン　147
幼稚園保育及設備規程　15
幼稚園幼児指導要録　144
幼稚園令　15
夜型生活リズム　167
4歳児の姿　42

▶ら行

羅針盤　58
リーダー活動　51
領域　21, 23
倫理観　153
倫理観の劣化　155
ルールのある遊び　49
ルールのある運動遊び　47
連携　61
連続性　122, 166

[執筆者] （執筆順）

福元真由美（ふくもと・まゆみ）　編著者　　　　　　　　　　　　　　1章
砂上　史子（すながみ・ふみこ）　千葉大学教育学部准教授　　　　　　2章
松井　とし（まつい・とし）　編著者　　　　　　　　　　　　　　　　3章
田代　幸代（たしろ・ゆきよ）　立教女学院短期大学専任講師　　　　　4章1・2
足立　祐子（あだち・ゆうこ）　台東区立田原幼稚園教頭　　　　　　　4章3
斉藤真由美（さいとう・まゆみ）　淑徳大学総合福祉学部非常勤講師　　5章
山路　純子（やまじ・じゅんこ）　元常磐短期大学幼児教育保育学科教授　6章
川上　美子（かわかみ・よしこ）　淑徳大学総合福祉学部非常勤講師　　7章
友定　啓子（ともさだ・けいこ）　山口大学教育学部教授　　　　　　　8章

[協力者]

伊集院理子（いじゅういん・みちこ）　お茶の水女子大学附属幼稚園教諭　2章編集協力

[編著者紹介]

松井　とし（まつい・とし）
1968年：お茶の水女子大学家政学部児童学科卒業。同大学家政学部児童学科助手，神奈川県立横浜幼稚園教諭，神奈川県立教育センター研修指導主事，神奈川県教育委員会義務教育課指導主事，お茶の水女子大学附属幼稚園副園長。
現在：淑徳大学総合福祉学部実践心理学科専任講師。
専門・研究：幼児教育学。
主な著書：『人間現象としての保育研究』（共著，光生館，1999），『時の標』（共著，フレーベル館，2007），『事例で学ぶ保育内容〈領域〉表現』（共著，萌文書林，2007），『保育内容総論』（共著，光生館，2009），『共に育つ』（共著，宣協社，2010）など。

福元　真由美（ふくもと・まゆみ）
1994年：東京大学教育学部卒業，同大学大学院教育学研究科博士課程単位取得退学。日本学術振興会特別研究員，東京学芸大学講師。
現在：東京学芸大学総合教育科学系教育学講座幼児教育学分野准教授。
専門・研究：幼児教育学，幼児教育史。
主な著書：『教育原理』（共著，北大路書房，2004），『保育者論―共生へのまなざし―』（共著，同文書院，2004），『都市福祉のパイオニア 志賀志那人 思想と実践』（共著，和泉書院，2006），『事例で学ぶ保育内容〈領域〉環境』（共著，萌文書林，2007），『教育課程総論』（共著，北大路書房，2009）など。

保育・教育 実践テキストシリーズ
幼児教育課程総論　豊かな保育実践を構想するために

2011年3月22日　初版第1刷発行

〈検印省略〉

編著者ⓒ　松井とし
　　　　　福元真由美
発行者　　大塚栄一
発行所　　株式会社　樹村房　JUSONBO

〒112-0002　東京都文京区小石川5丁目11番7号
電　話　（03）3868-7321
ＦＡＸ　（03）6801-5202
振　替　00190-3-93169
http://www.jusonbo.co.jp/

印刷・亜細亜印刷／製本・愛千製本所
ISBN978-4-88367-168-7　乱丁・落丁本はお取り替えいたします。

保育・教育 実践テキストシリーズ

A5判・平均180頁，B5判・平均150頁　各巻定価1,995円〜

既刊・近刊書

☆は既刊

■今日の社会では，子どもを取りまく環境の変化に伴い多様な保育サービスが求められている。また，改めて人間形成における保育・幼児教育の重要性が指摘されている。本シリーズは，それらに応えるべく内容として，これから保育者をめざす人へ向け，基礎理論を実践と結びつけながら平易に解説する。各巻が編者の確かな視点で構成・編集された，学びの指針となるようなテキスト群である。

☆**教育原理**　　　　　　　　　　広田　照幸・塩崎　美穂　編著
　　—保育実践への教育学的アプローチ—

☆**児童福祉**　　　　　　　　　　柏女　霊峰・伊藤嘉余子　編著
　　—子ども家庭福祉と保育者—

☆**社会福祉援助技術**　　　　　　柏女　霊峰・伊藤嘉余子　編著
　　—保育者としての家族支援—

☆**障害児保育**　　　　　　　　　七木田　敦・松井　剛太　編著
　　—保育実践の原点から未来へ—

　教育心理学　　　　　　　　　秋田喜代美・高辻　千恵　編著

　保育者論　　　　　　　　　　無藤　隆・岩立　京子　編著

　家庭支援論　　　　　　　　　庄司　順一・鈴木　力　編著

樹村房